# 2023 주식 변곡점의 기회를 잡아라

# 2023

대박 종목 잡는
실전 투자 전략

# 주식 변곡점의 기회를 잡아라

매일경제TV | 김동호 | 김태윤 | 김영민
노광민 | 정석일 | 박병주 지음

매일경제신문사

# 기술적 분석부터 업종별 분석까지

2022년 주식 시장을 되돌아보면 그 어느 때보다 힘든 시장이었다. 2020년 3월 코로나19 팬데믹으로 1,436포인트까지 떨어졌던 코스피 지수는 3,200포인트까지 급속도로 올라왔고 소위 '동학개미'라 불리는 초보 투자자들이 주식 시장으로 물밀 듯이 들어왔다.

주식을 비롯한 많은 자산 가격이 급등하면서 투자를 하지 않으면 세상에 뒤처지는 것 아니냐는 분위기가 조성되었고, 그런 분위기는 많은 투자자로 하여금 아무런 사전 지식이 없는 상태로 주식 시장에 뛰어들게 했다.

특히 지난해에는 미국 연준의 급격한 긴축 정책과 더불어 러시아와 우크라이나의 지정학적 리스크까지 불거지면서 국내 양대 지수는 이렇다 할 반등 없이 줄곧 내리기만 했다.

상황이 이렇게 전개되다 보니 대부분 투자자는 막대한 손해가 나 있는 주식들을 보유한 채 현재 상황을 손 놓은 채 지켜만 보고 있고 "주식 투자를 너무 쉽게 본 것 같다", "앞으로 어떻게 해야 할지 모르겠다"라는 볼멘소리까지 흘러나오고 있다. 2023년 들어오면서 약간의 반등이 들어오기는 했지만 앞으로 전망 역시 불투명한 것이 사실이다.

"좋은 기업을 찾아 장기투자해라", "시황이 좋지 않을 때는 리스크 관리에 집중해라." 세간에 들려오는 투자 격언들은 많지만, 실제 투자에 적용하기란 쉽지 않다.

어떻게 해야 좋은 종목을 발굴할 수 있는지, 급락하는 주가는 언제 매수해야 할지, 급등하고 있는 주식은 언제 팔아야 할지 등. 자신만의 투자 원칙을 제대로 만들 수 있다면 지난해에 겪었던 어려움도 잘 극복할 수 있을 텐데, 현재 많은 투자자는 어디서 도움을 얻어야 할지 막막한 상황이다.

이 책의 저자 6명은 매일경제TV 낮 12시 〈생쇼〉 주식 수익률 대결 방송 프로그램에서 그동안 쉽지 않았던 주식 시장에서 트레이더로 활동하면서 많은 수익을 내기도 하고 때로는 리스크 관리에 기민하게 움직이기도 하면서 자신들만의 뚜렷한 원칙을 세운 시장 참여자들이다.

이분들이 현재 시장을 어떻게 바라보고 있는지, 그리고 2023년에 유망한 섹터로는 어디를 주목하고 있는지 참고해보면 좋을 것이다.

방대한 자료가 범람하는 시대에 성공한 투자자들에 대한 정보를 습득하기는 쉽지만 제대로 이해하고 공부하기란 쉬운 일이 아니다. 기술적 분석부터 업종별 분석까지, 시대를 불문하고 투자의 정립을 세울 수 있는 이 책을 읽고 난 후에는 다른 누군가에게 추천하고 싶은 마음이 들 수밖에 없을 것이다.

이 책에 등장하는 여섯 저자 모두 각자의 투자 스타일이 다르기 때문에 자신에게 더 맞는 투자 원칙을 찾는 데 집중한다면 많은 도움이 될 것이라고 생각한다. 주식 시장은 매일 열리기 때문에 위기를 기회로 바꿀 수도 있고, 과거의 실패를 내일의 성공으로 바꿀 수도 있다.

앞으로 오랫동안 주식 투자를 해야 할 많은 시장 참여자들이 이 책을 보면서 자신만의 투자 원칙을 만드는데 밑거름이 되기를 바라면서 2023년에는 모두 성공 투자하기를 기원한다.

매일경제TV 〈생쇼〉 제작진

권시현 PD, 박종범 작가

그리고 이지현 아나운서

# Contents

# PART 1

# 상저하고,
# 2023년 주식 시장이
# 맞이할 변곡점

김동호

QR코드를 찍으시면 저자를 만나보실 수 있습니다.

01

# 2022년 큰 폭 하락 증시, 2023년에는 바닥 다지기

## 2022년 증시 긴축에 급락하다

2022년 글로벌 증시는 물가 급등과 이를 통제하기 위한 미국 연방준비제도이사회FRB와 각국 중앙은행의 기준금리 인상 정책과 중국의 3년째 이어지는 제로 코로나 정책으로 2008년 이후 연간 하락률 최고치를 기록했다.

미국 나스닥은 10월 저점까지 연초보다 −35.9%의 하락세를 보였고 중국상해지수는 −21.5%, 한국 코스피도 10월 저점까지 −28.8%의 큰 폭의 하락세를 보였으며 10월 이후 하락 속도가 줄었지만, 연말지수도 연중 저점 근방에서 마감했다.

미국의 경우 전기차 대장주 테슬라Tesla가 연초 대비 −60%, 인터넷 전자상거래 대표주 아마존이 −48%, 소프트웨어 대장주 마이크로소프트가 −36%를 기록하는 등 성장주와 기술주들의 폭락으로 나스닥지수의 하락률이 특히 크게 나타났다.

한국도 인터넷 플랫폼 대장주 카카오가 연초 대비 −59%, 게임주 대표주 위메이드는 −84%, 반도체 대표주 삼성전자는 −34% 급락하며 인터넷 기술주의 폭락이 뚜렷했다.

## 긴축 정책, 새해에도 이어진다

2008년 이후 지속된 미국을 포함한 선진국의 '유동성 확대'와 장기간의 '저금리 정책'은 글로벌 경제의 자산 버블을 형성시켜왔다. 더구나 코로나19 극복용 경기 부양적 정책은 물가 급등을 더욱더 자극하는 촉매가 되었다.

2022년 6월 미국 소비자 물가 상승률은 9.1%로 '40년 최고치'를 기록한 후 2022년 7월부터 둔화하기 시작했지만 2022년 말에도 여전히 7% 이상으로 높은 수준이었다.

여전히 높은 물가 때문에 2023년 상반기에도 긴축 금융 정책은 불가피할 전망이다.

미국 연준은 2023년에도 봄까지 5% 전후까지 기준금리를 인상한 후 1년 정도의 기준금리 동결을 예고하고 있다.

## 금융 완화 연말에나 기대 가능하다

주가지수 전망의 정확도를 높이기 위해 2023년 금융 정책 전망과 경기 변동 전망을 체크해보자.

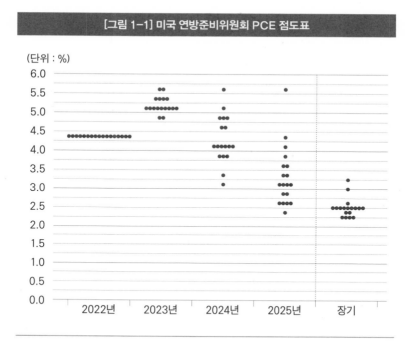

[그림 1-1] 미국 연방준비위원회 PCE 점도표

(단위 : %)

자료 : 미국 연준

첫째, 금융 정책은 증시 수급을 결정짓는 중요한 요소이므로 가장 우선으로 챙길 변수다. FRB는 2023년 미국 FRB는 2023년 3월 금리 4.75% ~ 5.00%꺼자 금리 인상을 진행했으나 뱅크런 이슈로 인해 추가 금리인상은 5월이 마지막이 될 것임을 시사하고 있다. 많은 투자자가 애타게 기다리는 FRB의 금리 인하는 2023년 9월 이전에는 어려울 전망이다.

긴축 기조가 완화 기조로 전환되지 않는다면 주가지수는 추세적으로 상승 전환하기 어렵다. 상반기는 긴축이 지속되는 기간이라 주가지수는 2,100~2,500에서 지루한 횡보 추세를 지속하며 U자형 긴 바닥을 완성해갈 것이다.

일반적으로 증시 사이클 저점 이후 본격적인 상승 파동은 유동성 증가와 금리 인하 속에 금융 장세의 형태로 시작된다. 금융 완화 정책의 시작은 빨라도 2023년 연말경, 물가 기준인 근원소비자물가 PCE가 3.5%를 기록할 때가 될 것이다.

## 중국의 위드 코로나, 글로벌 수요 공급 모두에 호재다

둘째, 경기 변동 전망을 살펴보자. 경제성장률의 상승 또는 하락의 흐름으로 나타나는 경기 변동과 이에 따른 기업 실적 추이 변동으로 주가지수의 방향이 결정된다. 경기 관련 주의 경우 경기 호전,

기업 실적 호전과 주가 상승이 함께 나타난다.

경제성장률의 추이를 전망하려면 미래 수요 공급의 증가 여부를 예측해야 한다. 수요는 소비·투자·정부 지출·수출 등을 증감시킬 요소를 체크하고, 공급은 산업별 생산 활동 증감과 가동률을 증감시킬 요소들을 챙겨보면 된다.

주요국의 수요 전망을 해보자.

미국은 견고한 고용 사정으로 소비를 중심으로 한 수요가 꾸준할 것이고, 중국에서도 전면적인 위드 코로나와 부동산 부양책 등으로 총수요를 회복할 전망이다.

한편 공급 측면에서 뚜렷한 변화가 예상되는 국가는 중국이다. 위드 코로나로 생산 활동에 대한 제약이 사라지며 세계의 공장 중국의 기능이 회복될 것이다.

중국의 산업 생산 증가로 한국의 중간재·소비재 생산이 늘고 중국에 수출하는 한국 기업들의 매출도 늘어날 것이다. 중국의 생산이 늘어난다면 한국의 대중국 수출용 산업 생산이 증가하며 완만하게 경기 회복으로 이어질 전망이다.

## 상반기 호악재 팽팽, 지수는 박스권 횡보한다

2023년은 고금리와 양적 긴축 정책이 지속되고, 경기 둔화와 기업 실적 악화가 완만하게 진행될 것이다. 고금리로 인한 수요 위축은 경기 위축과 실적 부진으로 이어지며 지수 상승 시도의 가장 큰 걸림돌이 될 것이다.

물가 불안과 저성장이 극복되기 어려운 상반기이기 때문에 주가지수의 큰 폭 상승이나 추세적인 상승을 기대하기도 곤란하다. 하지만 한국 코스피 지수는 고점대비 1000 포인트 이상 하락, 충분한 수준의 하락 조정을 거쳤다. PBR = 0.9 지수대인 2300선 하단에서 두 번의 저점을 지지하며 상승전환한 코스피 지수는 하반기 바닥인식이 더욱 확산될 것이다.

저가 매력이 커진 한국 증시에서 중국 경제 회복, 증시 안정 기금 투입, 개발도상국 내 한국 비중 확대 등 호재가 지수의 반등 시 역할을 키울 수 있다.

상반기 주가지수는 호악재의 영향력이 팽팽한 가운데 박스권 횡보 장세를 보일 전망이며, 박스권 횡보장에서는 지수나 경기 흐름과 무관한 중소형 테마주 또는 실적 호전 개별 종목의 순환 상승이 뚜렷할 전망이다.

중소형 테마주나 개별 종목 장세가 진행되는 경우, 시장은 제한된 유동성을 고려해 소수 핵심 테마주를 중심으로 집중되고 압축된 수익률 게임 장세가 진행되면서, 지배적 테마의 시세가 폭발적으로 일어날 가능성이 크다.

지배적 섹터 선별, 섹터 내 대장주를 선택한 후 무릎 시세부터 집중 매수하고 보유 비중을 높이며 3개월 순환 특성을 고려한 목표치 분석을 활용해 수익 극대화 전략을 펴야 할 시기라고 판단한다.

## 하반기, 4분기 상승 방향 뚜렷해진다

2023년 주가지수의 본격적 상승 시점은 4분기가 될 것이다. 물가 둔화로 FRB가 가장 중시하는 물가지표인 PCE 상승율이 3.5% 수준이 현실화되는 예상 시점이 4분기다.

[그림 1-1]의 FRB 점도표는 미국 물가지수 안정 포인트가 9~

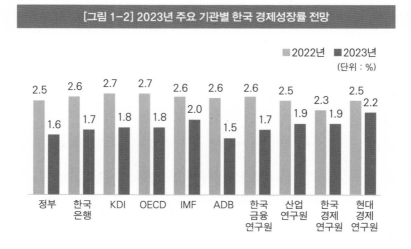

[그림 1-2] 2023년 주요 기관별 한국 경제성장률 전망

■2022년 ■2023년
(단위 : %)

| 기관 | 2022년 | 2023년 |
|------|--------|--------|
| 정부 | 2.5 | 1.6 |
| 한국은행 | 2.6 | 1.7 |
| KDI | 2.7 | 1.8 |
| OECD | 2.7 | 1.8 |
| IMF | 2.6 | 2.0 |
| ADB | 2.6 | 1.5 |
| 한국금융연구원 | 2.6 | 1.7 |
| 산업연구원 | 2.5 | 1.9 |
| 한국경제연구원 | 2.3 | 1.9 |
| 현대경제연구원 | 2.5 | 2.2 |

자료 : 〈연합뉴스〉, 2022년 12월 21일

12월이 될 것이라는 점을 분명히 하고 있다. 2023년 상반기도 물가 하락이 완만하겠지만 데이터로 확인되는 시점은 하반기가 될 것임을 예고한다.

하반기 지수 상승이 본격화할 시점은 결국 4분기 이후가 될 전망이므로 지수 관련 대형주나 우량주와 경기 관련 우량주들에 대한 적극적인 투자는 9월 이후가 적절할 것으로 판단한다. 단, 금리 인하의 시기가 확정된다 하더라도 금리 인하의 여력이 크지 않기 때문에 지수 관련 대형주들의 2024년 기대수익이 그리 크지 않을 수 있다는 점을 고려해야 한다.

오히려 2023년 하반기 이후에도 금리와 물가는 상대적으로 높게 진행되고 2024년 금리 인상 폭이 제한적일 것이므로 수많은 지수 관련 대형주의 동반 상승 가능성보다는 소수의 핵심 가치주 또는 턴 어라운드 관련 주들이 우선적으로 지수를 선행하며 상승할 것으로 예상한다.

하반기 초입인 6~7월부터 반도체 관련 주나 소재·산업재 중에서 섹터별로 절대 저평가 영역에 있는 저평가 핵심주, 실적 턴 어라운드가 선행 중인 실적 호전주에 대한 관심 종목 편입과 1등주 선별 그리고 분할 매수 포트 편입을 시작해야 할 것이다.

# 02
# 상반기,
# 테마주가 먼저 간다

2023년 상반기 박스권 장세에서 가장 중요한 투자 아이디어는 기대수익률 기준에서 선별하면 된다. 횡보장은 지수가 좁은 박스권에서 등락하기 때문에 지수 관련 주나 대형주들의 기대수익이 낮다. 그러므로 시간과 투자 자금의 제약 속에서 효율적인 성과를 내기 위해 상승 탄력이 크고 기대수익이 높은 섹터와 종목을 찾아야 한다.

## 1분기, 정치 테마에 주목하자

연말 연초는 늘 정치적인 관심이 높아지는 시점이다. 특히 2023년은 2024년 4월 국회의원 선거 1년 전이라는 점에서 즉, 선거 사이클 측면에서 총선 1년 전에 시작되는 정치 테마주에 관한 관심을 높일 필요가 있다.

여전히 어려운 경기와 금융 환경을 고려할 때 경기와 무관한 테마, 가치와 무관한 테마 형성이 불가피한 측면이 있다. 정치·정책 테마주들은 어려운 거시 경제 여건 속에서 더욱 강하게 부각하는 경향이 있다.

정치 테마는 크게 2가지 이벤트를 중심으로 테마를 형성하는데 총선과 대선이라는 '이벤트 데이'를 목표로 1년에서 1년 6개월 사이에 상승 사이클이 시작되어 유력한 인물의 지지율이 10% 전후를 돌파하거나 안정될 때 본격화하는 경향이 있다.

우리나라는 대통령 중심제이므로 총선 이벤트라고 해도 유력 대선 후보자가 될 수 있는 인물 중심으로 테마가 형성되고 유력 인물 관련 주가 시세를 주도하기 때문에 이번 총선 전 정치 테마주의 중심에는 여당 관련 유력한 인물 테마가 2022년 말~2023년 초에 끌어갈 전망이다.

한편 정치적으로 핵심 지표인 여당과 대통령 지지율이 2022년 3분기를 저점으로 4분기에 뚜렷이 상승했는데, 대통령 국정 지지율

[그림 1-3] 정치 테마 대장주, 오리콤

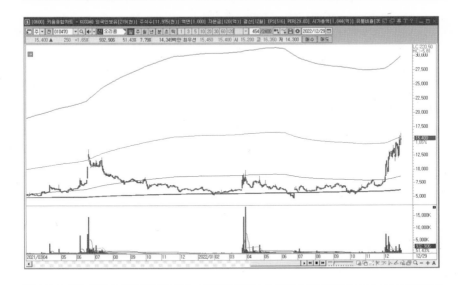

자료 : 키움증권

이 의미 있는 기준인 44.5%를 연말(2022년 12월 21일)에 기록하면서 여당 유력 인물 테마주가 탄력적 고가 돌파를 보였다는 점은 정치 테마주 특히 여당 관련 주의 주도주 형성 가능성을 더욱 확장하고 있다.

'금비(008870)', '오리콤(010470)', '나우IB(293580)' 같은 종목이 52주 신고가를 기록하고 장중 20% 상승을 시현하면서 여당의 유력 인물 테마주가 테마 주도력을 강화하고 있다. 지수의 등락과 무관하게 급등 시세를 펼쳐가고, 테마주에 포함되는 종목의 숫자가 10여 개

수준에서 확산할 조짐을 보이고 있어서 연초부터 강력한 시세 분출이 기대된다.

정치 테마주는 '총선 이벤트'를 목표 정점으로 하는 1번째 상승 사이클과 '대선 이벤트'를 목표 정점으로 하는 2번째 상승 사이클로 구성된다.

2022년 3월 9일 대선이 끝난 후 현재의 파동은 4년 정치 테마주 사이클의 첫 파동이므로 '무릎에 사서 어깨에 파는 전략을 펴는 입장'으로서는 정치 테마주들은 현재 무릎 시세를 막 통과하는 상황이라 판단한다.

테마주 매수의 최적 타이밍은 첫 상승 파동, 첫 무릎 시세 통과 지점이기 때문에 정치 테마주는 길게는 4년 시세, 중기적으로는 1년 시세의 초입에 있으며 단기적으로는 2월 중순까지의 3개월 시세가 나올 것으로 생각한다.

우리나라 증시의 순환 특성상 3개월마다 최소 하나 이상의 지배적인 테마(섹터)가 등장해왔다는 점에서 2022년 말에서 2023년 초부터 강한 시세 분출을 보이는 정치 테마는 3~4월 여야 각 당의 총선 체제 전환 시점까지 이슈나 뉴스가 집중되고 단기 시세가 폭발하며 정점에 이를 것으로 예상한다.

지배적 테마의 시세가 폭발하며 정점에 이르게 되면 차익 실현과 비중 축소가 현명하다 볼 것이며, 3개월 단기 시세 정점에서 차익을 실현한 이후 새로운 테마로의 이동을 준비하는 기간이 2월 중순

~3월 초가 될 것이라 본다.

## 2월 중순 이후, 소비 테마에 집중해보자

세계에서 가장 오랫동안 코로나19 방역에 집중해온 중국 당국이 제로 코로나 정책에 대한 피로감으로 이를 비판하는 시위가 전국적으로 확산되자 2022년 12월 전향적으로 위드 코로나 정책을 시행하며 본격적인 소비 확대의 길을 열었다.

2022년 고물가, 긴축 여건에도 불구하고 견고한 고용지표, 낮은 실업율이 지속되면서 미국 경제 총수요의 70%를 담당하고 있는 소비 수요는 미국의 경제를 지탱하는 강한 버팀목이 되었고 2023년에도 이어질 전망이다.

2023년 상반기에 중국의 위드 코로나와 관련한 소비 수요 증가와 미국 경제의 강한 소비지표로 인해 증시에서의 소비 섹터는 비교적 견조한 주가 상승률을 기록할 것으로 예상한다.

계절적인 측면에서 중국 소비 수혜주들은 봄철에 탄력이 높아지는데 2월을 고비로 상승 탄력이 고조되면서 5월에 정점을 기록하는 경향을 보여왔다. 중국 정책 당국의 위드 코로나 정책의 효과가 본격적으로 소비에 영향을 미칠 시기는 춘절 전후라 전망한다.

'소비'라는 키워드는 2023년 봄에 우리나라 증시의 '핵심 키워드'

로 등장할 가능성이 크다. 2012~2015년 화장품·엔터테인먼트·음식료 등을 중심으로 한 중국 소비주의 경우 대박 시세에는 못 미친다 하더라도 2023년 2~5월에는 콘텐츠·뷰티·엔터테인먼트·음식료 등 소비주의 시세 탄력에 집중할 필요가 있다.

과거에는 소비주들이 중국에 진출하거나 중국에서의 실적이 증가했다는 소식이 나오면 묻지 마 급등 경향이 있었지만 2023년 소비주 상승은 실적 급증과 저평가라는 장점을 보유한 우량 핵심주를 중심으로 테마 형성이 될 것이다.

중국 소비 테마로 주가 상승이 이어질 때도 세부 섹터 내 1등주에 대한 선택과 집중이 유리할 것이라 보는 이유는 역시 제약적인 증시 유동성 때문에 낮은 예탁금과 낮은 회전율로 주도 섹터와 소외 섹터 간 차별화도 뚜렷할 것이지만 1등주와 평균적인 종목의 수익률 격차도 클 수밖에 없을 것이기 때문이다.

풍부한 유동성 속에서의 테마주 흐름은 테마 내 호재가 있을 때 전 테마 종목이 일제히 급등하고 테마 내 포함된 종목의 수도 지속적으로 상승하는 경향을 보이지만, 제한된 유동성 속 테마주 흐름은 핵심 1등주의 시세만 집중적으로 상승하고 테마 내 포함된 종목의 수도 그리 크게 늘지 않는 특성이 있다.

1분기 정치 테마주 공략에서나 2분기 소비 테마주 공략에서도 가장 강한 세부 테마를 찾고 그 세부 섹터 내 핵심 1등 종목을 선별 집중 공략하는 것이 성공 투자의 지름길임을 꼭 기억하자.

예를 들면 정치 테마 중에는 여당 섹터/야당 섹터, 여당 섹터 내에는 당대표 관련 주/차기 대선 주자 관련 주가 있다. 여당 섹터 내차기 대선 주자 관련 주가 핵심 세부 섹터가 되고 가장 강하게 움직이고 있다.

또 여당 차기 대선 주자 관련 주 중에서 가장 앞서가는 종목은 오리콤, 금비, 나우IB가 있으며 이들 선두 그룹 중에 1등주 비중을 집중해 공략하는 것이 최선이라는 판단이다.

한편 2012~2015년 대시세를 냈던 섹터인 소비주들은 낡은 업종이라서 신선한 모멘텀을 찾는 것이 무엇보다 중요한데, 특정 섹터가과거 역사적 시세를 기록한 바 있다면 2번째 이후 시세는 혁신적 신사업 모델이나 새로운 품목 서비스를 실적으로 입증하는 종목 중심으로 나타난다.

특정 기업이 고금리 저성장이라는 경제 여건 속에서 뚜렷한 차별적 투자 성과를 보여주기 위해서는 신개념 고부가 서비스나 혁신을통한 고마진 아이템을 확보해야 한다. 주가 평가 지표 중에서 저평가 메리트를 갖는 기업들은 대부분 혁신이나 신산업적 요소가 있다는 점을 주목하자.

예를 들면 소비 테마 중에서 '비올(335890)'이라는 종목은 영업 이익률 40~45%에 자기자본이익률ROE이 45가 넘으며 군계일학적인수익성을 보이고 있다. 고주파 에너지 기반의 피부 미용 의료 기기를 생산 판매하는 이 회사는 K-뷰티 관련 주 중에서 가장 높은 수

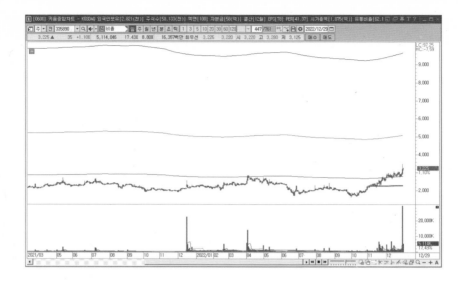

[그림 1-4] 팔방미인 소비주, 비올

자료 : 키움증권

익성을 보유하고 있다.

고주파 에너지를 활용한 제품을 생산하고 판매하기 때문에 관련 섹터와 업종 내에서 가장 높은 부가가치를 창출하고, 독과점적 기술력으로 절대적 경쟁 우위를 구가하고 있어서 소비 섹터 내 가장 돋보이는 종목이다.

성장성 또한 두드러져 2022년 매출액 300억 원(전년비 +63%), 영업익 120억 원(전년비 +122% )을 기록하고 2023년에도 매출액 500억 원(전년비 +66%), 영업익 205억 원(전년비 +70%)이 전망되는 등 소비 섹터 내 가장 특징적인 고속 성장주로 손색없다.

소비 섹터가 상승한다면 가장 돋보이는 상승률을 예상하고 있다. 밸류에이션 적정 가치 또는 목표치 분석상으로 주가 대비 예상 주가이익비율PER이 9배라서 최소 35배까지는 무난하게 상승할 수 있다고 분석한다. 그러므로 2022년 말 대비 300% 상승한 12,000 수준까지 상승할 수 있는 종목이다.

특히 소비 섹터 중에서 이 정도의 성장률과 수익성을 보유한 종목이 그리 많지 않기 때문에 2023년 상반기는 대박을 예감할 수 있는 종목이다.

더구나 중국 시우안제약그룹과 독점 공급 계약을 체결한 후 인증 절차를 진행 중인 실펌 XSYLFIRM X라는 제품의 허가가 2023년 상반기 중으로 예정돼 중국 소비라는 테마적 키워드에도 맞는 재료를 보유하고 있으므로 팔방미인 소비주가 아닌가 한다.

## 03

# 하반기, 지수 바닥을 확인하고 경기 관련 성장주를 주목하라

2022년 12월 15일 FRB는 0.5% 금리 인상을 단행하면서 2023년 경제성장률은 0.5%, PCE 상승률은 3.5%로 예상했다. 2022년 11월 5%에 달한 미국의 PCE 상승률이 연중 내내 하락하며 2023년 말에 3.5%에 이를 것이라는 전망이다.

2023년 연말이 되어서야 중립금리(기준금리 근원물가+성장률=중립금리)보다 1% 정도 높은 수준의 기준금리가 기록될 전망이라서 FRB의 금리 인하라는 정책 전환Pivot이 시작될 여지가 확보되게 될 것이기 때문이다.

증시가 상승 추세로 탄력 있게 돌아서려면 금융 정책 완화(금리 인하, 양적 완화)가 가능한 여건이어야 하는데 금리 인하가 증시로의 자금 유입을 가능케 해 주식에 대한 매수 여력을 확대할 수 있기 때문이다.

## 경기 관련 대형주 진입 시기는 9월 전후가 좋다

따라서 2023년 9월 전후는 되어야 기준금리가 중립금리보다 높아지는 골든크로스Golden Cross가 생기고 이것이 모멘텀이 되어 미국을 포함한 글로벌 증시의 본격적 상승 추세로 진입할 수 있다고 전망한다.

중국의 위드 코로나와 건설 부양책으로 중국 경제성장률이 2023년에 5%대 초반까지 회복한다 하더라도 글로벌 증시 자금의 순증가가 동반해서 나타나지 않는다면 글로벌 증시의 박스권 횡보 기간은 더욱더 길어질 수밖에 없다.

경기 관련 주나 지수 관련 대형주들의 본격적인 상승은 9월 이후에 가능할 것이므로 상반기 동안은 시가총액이 크고 밸류에이션 측면에서 극단적인 저평가 상태가 아닌 지수 관련 주들이나 경기 관련 대형주들은 지수의 횡보와 함께 기대수익이 크지 않아 매력도가 작을 것이다.

# 6월부터 경기 선행적 흑진주, 반도체주 주목하라

일반적으로 경기 관련 주나 지수 관련 대형주들이 본격 상승을 시작하는 대략 3개월 전인 6월부터는 절대 저평가 초우량 가치주나 경기 선행적 실적 호전주들의 상승이 지수 상승보다 선행적으로 나타날 것으로 전망되어, 핵심가치주 우량주에 대한 매수는 6월 이후가 유리할 것이다.

물론 실적의 선행성이나 개별 업종 또는 섹터의 경기 사이클이 종합 경기 사이클보다 6개월 이상 앞서서 나타날 수도 있지만 이런 경우는 개별 업황에 따른 개별 종목 시세 접근 방식으로 독립적으로 시세 상승에 따르는 것은 당연하다.

따라서 6월 이후부터 업황 호전이 지수 선행적으로 이뤄지는 절대 저평가 중소형 가치주들에 대한 종목 선별과 매수는 연말 금리 인하 기대감과 지수 상승 이전에 선취 매수하는 것이 유리할 것이다. 어차피 증시 유동성이 연말부터 호전된다면 상대적으로 저평가되고 좋은 종목일수록 지수보다 먼저 상승하는 것은 자연스러운 일이기 때문이다.

경기 관련 주 섹터 내 있는 화학·철강 업종이나 IT 부품(반도체) 전기차 소재 섹터의 경우, 섹터 내 저평가 메리트를 보유한 종목 중 개별 업황 호전이 뚜렷한 종목들은 평범한 경기 관련 대형주의 주가 흐름을 앞서 상승하게 될 것이므로 수급 호전과 상승 추세 전환이 먼저 나타날 것이다.

6월 이후부터는 적극적 관점에서 경기 관련 우량주 중 최고 매력 1등주를 찾은 후 대시세 초입에 충분한 비중으로 담아야 할 것이다. 선택 종목은 업황·실적·차트 등 턴 어라운드와 저평가 메리트 등을 함께 갖춘 팔방미인 종목이어야 한다

예를 들면 HPSP(403870)라는 종목은 반도체 장비 업종에 있고 고압 수소 열처리 장비를 제조하고 판매하는 회사인데 국내 최초로 검증된 장비로 전 세계 시장을 독점하고 있는 최고의 기술과 솔루션을 보유한 회사다.

HPSP는 반도체 시장의 경기가 어려웠던 2022년에도 매출액 1,556억 원(전년비 69% 성장)을 기록하며 큰 폭으로 외형적 성장을 했고, 독점적 시장 지배를 기반으로 865억 원(전년비 91% 성장)을 기록하며 매출액 대비 영업 이익률 55%의 경이적인 이익률과 ROE 71%를 달성했다.

이런 흑진주 같은 초저평가 1등 종목은 내년 반도체 불황이 본격화하고 SK하이닉스가 수조 원의 영업 손실을 기록할 정도의 불리한 업황 속에서도 고성장세를 지속할 것으로 예상한다.

반도체 경기가 회복될 2024년에는 매출액 41% 증가, 영업이익 43% 증가의 고성장세를 시현할 것이기 때문에 2023년 9월 이후 반도체 대형주 삼성전자·SK하이닉스의 상승이 본격화되기 3개월 전인 6월 전후부터 먼저 상승을 시현하고 삼성전자의 본격 상승이 확

자료 : 키움증권

인되는 9월 전후에는 이미 신고가 영역에 진입할 것으로 예상한다.

누구나 탐내는 절대 저평가 가치우량주는 업황 회복을 확인하기 3~6개월 전에 업종 내 다른 종목들보다 멀찍이 인기를 주도하며 시세를 먼저 뽑아내기 때문에 지수가 본격적으로 상승할 시점 이전에 관심 종목에 넣어둔다. 그리고 저점 대비 20% 정도의 상승세가 나타난다면 주저 없이 무릎 턴 어라운드 매수 포인트라고 보고 비중 확대에 들어가야 한다.

평범한 종목에서 대박이 날 일 없고 시장의 평범한 대중이 다 알

[그림 1-6] 반도체 흑진주, 영창케미칼

자료 : 키움증권

아차린 시점에서 이런 흑진주 팔방미인 종목들은 대중이 매수할 수 없는 저 높은 우주 영역에서 고공비행하고 있을 가능성이 크므로 대중이 무관심한 2023년 5~6월부터 충분한 물량 확보를 최우선 전략으로 삼아야 한다.

'영창케미칼(112290)'은 반도체 공정용 소재를 제조 판매하는 회사다. 불화아르곤ArF과 불화크립톤KrF을 활용한 포토 레지스트리(감광액)용 린스Rinse를 세계 최초로 개발해 최초로 양산한 기업이기도 하다. 노광장비EUV용 린스도 상용화할 계획이며, 2022년에 증설해 큰 폭의 매출 성장과 영업익 신장을 이루며 세계적인 기술 우위를 핵심 경쟁력으로 확보한 회사다.

특히 2021년 매출 664억 원/영업익 22억 원의 평범한 회사에서 2022년 매출 890억 원(+34%)/영업익 80억 원(+263%)을 기록하며 성장과 수익성이 본격화되었다.

2023년 매출 1,240억 원(+39%)/영업익 201억 원(151%)을 시현한 후 2024년 매출 1,782억 원(+43%)/영업익 358억 원(+78%)의 폭발적인 성장세를 이어갈 전망이다.

영창케미칼은 밸류에이션 측면에서 2024년 기준 ROE 35를 기록할 것으로 예상하며, 현재 가격 기준 2024년 예상 PER이 4.6에 불과해 절대 저평가 영역에 있는 반도체 디스플레이 소재 전문 회사라고 볼 수 있다.

이오테크닉스라는 반도체 장비회사가 세계적 플라스마 장비 기술을 토대로 2012년 당시 23,000에서 2015년 153,000까지 3년간 700%의 주가 상승률을 기록했다는 것을 기억한다면 삼성전자가 본격적으로 주가 상승할 2023년 9월보다 3개월 앞선 시점부터 주가 상승 추세가 선행하리라 예상한다.

## 04

# '무릎에 사서 어깨에 판다'는
# 전략은 늘 진리

## 박스피 대안 소비 섹터에 주목하라

종합주가지수는 미약한 글로벌 경기 흐름 때문에 추세적인 상승도 하락도 어려운 박스권 횡보장이 이어질 것이고, 지수 관련 대형주들은 지수를 따라 작은 수익률로 만족해야 하는 상황이 반복될 것이다.

주식 투자 성과를 높이기 위한 투자자라면 강세장·약세장을 불문하고 기대수익률이 큰 섹터와 종목에서 포트폴리오를 구성하고 매매를 반복하면서 계좌 수익률을 시장 평균치보다 월등하게 키우는 것이 가장 커다란 과제다.

따라서 횡보장에서 큰 수익을 낼 방법은 지수와 독립적인 상승 추세를 보여 보유자나 매매자의 계좌를 풍성하게 할 섹터와 종목을 찾아내고 그 섹터에 집중하는 기법이라고 할 수 있다.

지수 독립적인 대박 섹터를 찾아내는 것은 횡보장에서 성공적인 투자자라면 반드시 해야 하는 과제와 같은 것이므로 과거 증시의 흐름에서 해답을 찾아보는 것이 좋은 투자 아이디어가 될 수 있다.

과거 장기간의 지수 횡보기(2012~2016)에 한국 코스피지수는 박스권에 갇혀 있었고 당시의 코스피지수 흐름을 시장은 '박스피'라는 이름으로 부르곤 했다. 이때 한국 증시에서 어떤 섹터와 종목들이 시장 대비 초과 수익을 보였는지를 분석해보면 2023년 상반기에도 좋은 아이디어를 얻을 수 있을 것이다.

지수가 장기간 박스권에 갇힌 이유는 미국의 급격한 유동성 확대기와 중국의 고성장기가 끝나면서 양적 외형 성장 중심의 중국 경제가 고성장에서 중성장으로 전환되었기 때문이다.

당시는 지수 관련 대형주와 중국의 고성장 수혜주들이 시세를 내지 못하면서 중국의 소비 중심 저성장에 따른 중국 화장품·음식료·엔터테인먼트 등 소비주들과 오랫동안 침체기를 보였던 제약·바이오 섹터 같은 중소형 소비 섹터에서 대박 시세가 출현했다.

2023년 증시는 FRB의 연간 4.5% 금리 인상과 큰 폭으로 증시가 하락한 다음 해라는 점에서 저성장·고금리 속의 중소형주 섹터의 순환 상승이 유사하게 이어질 것이라고 예상한다. 2012년 증시도 미국의 긴축과 유럽 부채 위기로 2011년에 큰 폭으로 하락을 겪은 후 저유동성·저성장 속 중소형 소비주 중심의 대박 시세가 있었다는 점이 2023년 증시와 유사하다 볼 수 있다.

## '무릎 매수, 어깨 매도'는 늘 진리

무릎에 사서 어깨에 파는 전략은 기술적인 측면에서 가장 유리한 전략이다. 사이클 상승 전환을 확인한 후 매수해 상승 추세를 지속하는 동안 보유하고, 상승 추세가 꺾여 하락 전환을 확인하는 시점에서 매도하는 것은 상승 사이클의 추세를 모두 수익으로 연결하는 최고의 기법이다.

이를 밸류에이션 관점에서 보면, 절대 저평가 영역에서 상승 전환을 시작해 기업의 가치 평가가 서서히 본질적 가치를 향해 정상화되기 시작하는 시점에서 매수해 본질적인 가치를 넘어서 충분히 고평가되는 영역까지 상승한 이후 더는 고평가가 불가능하고 다시 본질적 가치까지 하락 전환되기 시작하는 시점에서 매도하는 것이기 때문이다.

수급적인 측면에서 볼 때 절대적인 매도 우위 상태에 있던 특정 주식에 대해 새로운 매수 세력이 출연하며 매수세가 매도세를 이겨

내는 것을 확인한 이후, 매수세 우위의 추세적 흐름이 지속되며 큰 폭의 주가 상승을 한 다음 매수세가 약화되고 매도의 힘이 매수를 압도하기 시작하는 시점에서 보유 종목을 매도하는 것과 같다.

기업의 실적이라는 측면에서도 업황 부진이 끝나고 업황 개선을 확인할 수 있는 시점에 매수해 업황 호조가 지속하는 동안 보유하며 업황의 호전을 더는 기대하기 어려운 시점에서 업황의 악화 가능성이나 기대가 생겨나기 시작할 때 보유 주식을 매도하는 것이다.

성공한 투자자가 되려면 강세장이든 약세장이든, 대형주 중심 장이든 중소형주 중심 장이든, 가치주 중심 장이든 성장주 중심 장세이든 상관없이 당시 주류의 핵심 섹터 내 1등주를 무릎에 발굴해 매수하고 상승 추세 동안 보유하다가 하락 전환 초기에 매도할 수 있어야 한다.

2023년 상반기 장세를 끌어갈 핵심적인 트렌드는 지수와 무관한 중소형주가 될 가능성이 크다.

글로벌 정책 전환이 턴 어라운드라는 점에서 중국의 위드 코로나 관련 소비주, 중국의 건설 부양 네옴시티 관련 SOC 투자 수혜주 등이 키워드가 될 것이다.

물론 국내 유권자들의 정치 선호 변화가 본격화하며 2024년 총선을 앞두고 벌써 여권의 유력 대선주자로 부각하는 인물의 선호도가 대선 테마주 대박 시세 기준인 차기 대권 후보 선호도 지지율 15%를 넘었다는 점은 정치 대선 테마주의 빅 사이클도 시작되었다

[그림 1-7] 무릎 매수 어깨 매도, 씨젠

자료 : 키움증권

고 할 수 있다.

2023년 하반기는 연말로 가면서 미국의 금리 인하 기대감이 높아지며 지수 상승과 대형주 상승이 유리한 환경으로 바뀌게 될 것이다. 그러므로 6월부터는 경기 관련 성장주 중에서 절대 저평가 영역에 있는 중소형 가치주들이 우선적으로 상승 전환이 본격화될 것으로 예상하고, 9월 이후에는 저평가 지수 관련 대형주들의 상승 전환도 시도될 것으로 예상한다.

'무릎에 사서 어깨에 파는 전략'을 핵심적인 성공 투자 전략으로 삼는다면 2023년 상반기에는 중소형 테마주, 하반기에는 저평가 우량주의 무릎 시세 통과와 상승 추세 전환 시점에 초점을 맞추는 것이 가장 좋은 선택일 것이다.

## 3개월간 주도주의 패션 변화를 영리하게 활용하자

우리나라 증시는 강세장이든 약세장이든 시장 주도 섹터가 3개월에 한 번씩 소순환하는 경향을 보여왔다.

지수의 추세적 상승장에서도 특정 섹터가 3개월 정도 급등하면 다음 분기에는 조정세를 보이며 쉬어가는 경우가 대다수다. 테마주들도 원전 테마, 게임 테마, 정치 테마 할 것 없이 폭발적인 시세를 보이는 시기는 3개월 100일을 잘 넘지 않는다는 점을 주목하자.

특히 2023년 상반기는 1분기와 2분기로 나뉘고 테마주 중심의 장세가 예상되기 때문에 대선 테마나 중국 소비 테마의 경우 지금 막 시작한 상황이라 하더라도 3개월 이전에 과열 고점 시세를 분출할 때 왼쪽 어깨에서 좋은 차익을 실현하는 타이밍을 잡아야 유리하다.

테마주들에 관한 장기 투자가 불가능한 것은 아니지만 주식은 강렬하고 뜨거운 시세가 분출되는 때 집중해 높은 비중 투자로 수익을 즐기고, 기간 조정이나 가격 조정을 진행하는 동안에는 비중을 축소한 후 새롭게 떠오르는 시장주도 패션 섹터로 재집중해 이동 매수하는 전략이 성공 투자의 성패를 가르는 기법 또는 전략이 될 것이다.

우리나라 증시는 특히 장기 투자가 어렵다는 속설이 있다. 한국의 경제 규모가 작고 무역 의존도가 63~66%라는 점을 고려한다면 분기마다 유행하는 주도 섹터에 비중을 싣고, 분기마다 유행 섹터가 달라진다는 순환 패턴을 잘 활용하는 투자자가 되길 바란다.

중소형 테마나 개별 종목이 시장을 주도하는 패션이 되는 시절의 경우, 1등 섹터 1등주 집중 투자 전략은 더욱더 중요한 성공 투자 전략이다.

2023년은 특히 제한적인 유동성으로 인해 증시로의 자금 유입이 제한될 것이므로 섹터 내 모든 종목을 상승시키는 데 힘이 부치므로 1등주에 대한 수급과 가격 쏠림이 증폭될 가능성이 크다.

따라서 분기마다 시장 주도적 섹터와 테마가 등장하겠지만 주변주보다는 중심주, 중심주 중에서도 1등주를 선별해 공략하는 것이 핵심 성공 투자 요인이 될 것이다. 트렌드 스토리, 수급과 차트, 밸류에이션 측면에서의 팔방미인 종목을 1등주로 평시에도 찾을 수 있는 노하우를 축적해야 할 것이다.

한편 1등주를 선별해서 집중 투자를 했더라도 짧은 시세 단기 매매보다는 수익 극대화를 위한 전략에 더욱 신경을 써야만 투자 수익률, 특히 계좌 수익률이 크게 향상될 수 있다.

3개월에 섹터별 중기 과열 시세가 마무리된다는 점을 고려하면 집중 투자한 1등주의 매수 포인트가 무릎에 해당하는 지점이라고 볼 때 어깨에 해당하는 목표치 설정과 매도 전략도 꽤 중요하다.

아무리 좋은 종목을 충분한 비중으로 매수했다 하더라도 그 종목의 3개월 목표 가격을 시스템적으로 보유하고 있지 못한다면 짧은 시세 후 주가 흔들림에 200~300%의 수익을 낼 자산을 20~30% 수익으로 만족하고 매도해 손안에 든 새를 놓치는 실수를 범하게 될 수 있다.

수익이 나고 있는 종목을 보유할 때도 객관적인 의미에서의 목표치를 알지 못한다면 상승 중에 발생하는 작은 뉴스나 악재들에 주가 조정이 나타날 때 종목에 대한 믿음이 흔들리고 장중 변덕스러운 시세나 수급 움직임에 귀중한 자산을 헐값에 매도하게 되는 것이다.

이런 상황을 피하려면 중기적 관점에서 1등주의 객관적 목표치에 관한 설정 분석 시스템을 반드시 활용해야 한다. 아직 준비되어 있지 않다면 이미 이를 수년 동안 활용한 검증된 전문가의 도움을 받는 것이 수익 극대화와 성공 투자의 지름길이 될 수 있다.

# PART 2

# 위기를 기회로!
# 미래를 읽는 힘

---

김태윤

QR코드를 찍으시면 저자를 만나보실 수 있습니다.

# 01

# 2024년 이후 금리 인하 전망 속 왜 성장주 투자가 답일까?

## 통화 정책 변화 확인 후 성장주 투자는 이미 한발 늦다

개인적으로 시장은 통화 긴축과 경기 침체 우려감을 상당 부분 선반영했다고 본다.

아직까지는 물가지표 등이 미국 연준이 원하는 수준까지 하향 안정화되지는 않았지만 더는 2022년처럼 큰 폭의 물가 상승률을 보여줄 가능성은 지극히 낮다고 생각한다.

이미 2022년 4분기부터 미국 연준의 물가지표 발표 이후 증시 민감도를 보면 확실히 그전 2분기와 3분기보다 낮다고 시장에서 느끼기도 했다. 그 뜻은 결국 시장은 면역력이 생겨서 해당 이슈에 대해서는 무뎌지고 있다는 것을 반증한다.

과거에 내가 주식 투자 경험에서 실패했거나 아쉬웠던 경우는 대부분 시장의 흐름보다 한발 늦은 타이밍이었다.

투자자들은 여전히 2023년에도 이어질 미국 연준의 금리 인상을 두려워하고 있고 2021년 이후 줄곧 하락한 경험 때문일지라도 쉽사리 상승장에 대한 투자 배팅을 결정하기가 어려운 상황이다.

미국 연준의 공격적인 긴축은 이미 어느 정도 마무리 단계에 와 있고 상반기 내에 금리 인상을 멈출 수 있다. 현재 글을 쓰는 시점에서의 미국 연준의 최종금리는 5.1%(5~5.25%) 수준인데 이는 앞으로 2월, 3월, 5월 연방공개시장위원회FOMC 정도면 마무리되지 않을까 싶다.

결국에 주가는 항상 6개월~1년 정도를 선행한다. 일정 부분의 리스크를 가져가더라도 남들보다 그리고 시장의 흐름보다 한발 먼저 판단을 해야 오히려 더 큰 수익, 오히려 더 적은 하락을 겪는다는 나름의 투자 철학이 효과를 발휘할 시점이 되지 않을까 생각한다.


## 중국 리오프닝은 변수가 될 것인가

원고를 쓰기 시작한 때인 2022년 11월 당시 중국은 줄곧 제로 코로나 정책을 고수했다. 하지만 시민들의 시위가 격해지고 경제성장률 또한 부진하기에 12월에 들어서 중국은 제로 코로나 정책에서 위드 코로나 정책으로 변화를 시도하고 있다. 이에 따라서 많은 관련 주가 2022년 말 힘들었던 주식 시장에도 불구하고 적지 않은 수익 기회를 주기도 했다.

중국 리오프닝(경제 활동 재개) 관련해서는 2023년 1분기가 중요하다. 중국이 위드 코로나로 가는 과정에서 코로나19 확진자와 사망자 수가 급증을 할 것이라는 우려감이 아직은 존재하는 상황이지만 부정적인 부분보다는 긍정적인 부분이 더 많다고 생각한다.

2023년 1분기 중국의 방역 정책 피봇뿐 아니라 경기 부양책에 대한 기대감도 서서히 부각할 수 있다고 보고 있기 때문에 국내 증시의 외국인 수급에도 긍정적인 영향을 주지 않을까 싶다.

삼성증권 리포트에 따르면, 보통 EM/DM 상대 주가는 M1 증가율로 대표되는 중국 정책 모멘텀 변화에 편승한다고 한다. 리오프닝 전환과 적극적 통화 완화를 양 축으로 한 2023년 중국 경제의 정상화 행보는 우리나라를 포함한 신흥국 증시에 긍정적인 영향을 줄 수 있다.

이렇게 중국의 리오프닝은 국내 증시에 호재로 작용할 가능성이 크고, 이렇게 되면 투자자들의 증시에 대한 투자 심리도 같이 개선될 가능성이 크다.

중국 리오프닝 관련해서는 중국 소비주들이 먼저 반응을 할 것이지만 이는 증시에 대한 투심 개선으로 인해 시장에 오히려 거래 대금을 증가시키는 요인이 되지 않을까 생각해본다.

# 02

# 2023년 XR 시장 성장 본격화!
# 통화 긴축? 그게 뭔데?

## 과거 스마트폰 기술 발달로 인한 PC 수요 대체

기업들은 시장에서 돈을 벌기 위해 항상 새로운 먹거리를 찾아 다닌다. 특히나 러시아·우크라이나전쟁 이후로 촉발한 글로벌 인플레이션의 급등은 기업들의 비용 증가와 경기 침체로 인한 소비의 감소로 인해 2022년 내내 힘든 시기를 보냈다. 그렇다 보니 현재 IT 산업 내 속한 기업들의 주가 추이를 보면 크게 성장하고 있는 기업들을 찾기 어려운 것이 현실이다.

과거 스마트폰이 처음 출시되며 핸드폰으로 게임·음악·카메라 등 많은 IT 제품을 대체하기 시작하면서 스마트폰 산업은 상당히 급격한 성장을 보여주기도 했다.

그런데 지금은 새로운 스마트폰을 출시해도 사람들이 느끼는 제품의 혁신성이나 퀄리티 등은 점점 전작보다 크게 나아지지 않음을 느끼고 있다. 그게 바로 현 스마트폰 시장의 한계점이다.

스마트폰·PC 등 주요 IT 제품들은 최근 역성장을 지속하고 있다. 이유는 최근 지속되는 3고(고금리, 고환율, 고물가)로 인한 수요 감소 때문일 수 있겠지만 해당 산업은 이제 성장기를 지나 쇠퇴기에 진입하고 있기 때문이다.

특히 삼성전자를 비롯한 국내 기업들의 경우 애플처럼 고가의 스마트폰 시장 점유율이 높지 않으므로 지금과 같은 불안정한 매크로 환경에서는 상대적으로 보급형 스마트폰 판매 비중이 꽤 높은 신흥국 등에서 소비력이 떨어질 수 있다.

그러므로 국내 기업들 또한 최근 XR 기기 시장이 본격 개화하기 전에 많은 연구와 투자를 단행하고 있다.

## XR 시장 규모는 이미 폴더블폰 시장 규모와 비슷

XR 시장 규모는 이미 폴더블폰 시장과 유사해지는 상황이다. XR 기기 등이 아직 생활에 본격적으로 침투되지 않았지만, 나 또한 이

전보다는 확실히 XR 기기에 관한 관심도가 점차 증가하고 있다.

일반적으로 새로운 형태의 제품이 출시되면 1세대 제품은 성공하기 어렵다고 생각한다. 1세대 제품은 솔직히 각 기업의 소비자 반응을 확인하기 위한 파일럿 제품이라고 생각한다. 신제품을 출시한 후 소비자들의 반응과 니즈Needs를 파악하고 성능 개선 등을 통해 추후 출시할 제품을 더욱더 나은 형태로 출시하는 과정으로 보는 것이다.

이미 1세대 XR 기기 제품에 대한 소비자 반응은 다 나왔다고 생각한다. 아직은 부족한 콘텐츠 그리고 떨어지는 휴대성과 완성도? 이 정도로 정리해볼 수 있지 않을까 싶다.

## 2023년 2세대 제품 출시 속 XR 시장 본격 개화 시기

2023년은 제품성을 상당히 개선한 2세대 제품들을 출시할 예정이기 때문에 XReXtended Reality 시장의 성장이 본격화되는 원년으로 봐야 한다. 이미 일각에서는 XR 시장이 성장기에 진입했다고 말하기도 한다.

현재는 메타Meta의 점유율이 꽤 높은 상황인데, 주도권을 선점하기 위해서 대대적인 투자에 나섰지만, 그 효과가 아직 크게 나타나지 않고 있다.

## [그림 2-1] XR 시장은 이미 성장기에 진입

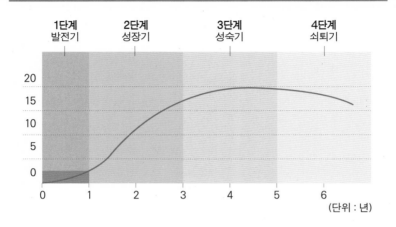

자료 : 〈하버드 비즈니스 리뷰〉, NH투자증권 리서치본부

## [그림 2-2] XR 시장 성장세 전망

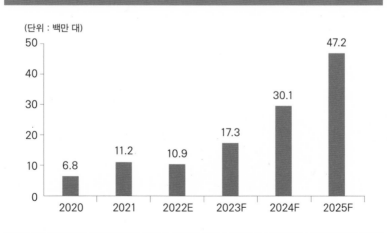

자료 : 카운터포인트리서치, NH투자증권 리서치본부

54

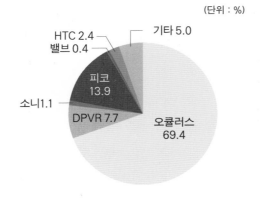

[그림 2-3] 2022년 기준 현재는 메타, 향후 애플과의 양강 체제 전망

(단위 : %)

HTC 2.4
밸브 0.4
기타 5.0
피코 13.9
소니1.1
DPVR 7.7
오큘러스 69.4

자료 : 카운터포인트리서치, NH투자증권 리서치본부

메타는 페이스북 시절인 2014년 VR 헤드셋 업체인 오큘러스 Oculus 인수를 시작으로 2021년에는 메타버스 플랫폼과 관련 기기를 개발하는 리얼리티랩스Reality Labs 사업부에 한국 돈으로 약 13조 원 이상을 투자했다.

이처럼 글로벌 기업들은 XR 시장의 성장성을 상당히 높게 평가하고 있으며 그 시장을 선점하기 위해 앞으로 엄청난 규모의 투자를 단행할 것이다. 글로벌 기업들의 대대적인 투자는 관련 산업 내 기업들에게는 상당히 좋은 성장 기회가 될 것이다.

글로벌 주요 기업별 XR 기기 사업 방향과 예상 일정 등은 다음과 같이 정리해볼 수 있다. 특히 애플의 XR 기기 출시가 예상되는

2023년 3분기가 아마도 XR 기기에 대한 관심도가 최고조에 달할 가능성이 크다고 보고 있고, XR 헤드셋/콘텐츠 시장의 판도 변화도 예상해볼 수 있다.

애플(미국)은 리얼리티Reality 상표를 출원하고 Apple TV+ 보유로 인한 콘텐츠 확보가 용이하다. 그리고 AR 게임을 제작한 주요 기업들의 대표를 영입하고 있다. XR 전용 OS를 탑재해 사용자의 편의성 또한 도모했다.

메타(미국)는 2021년 메타버스 플랫폼과 관련 기기를 개발하는 리얼리티랩스에 약 13조 원 이상을 투자했다. 2022년 11월 VR 기기 프리미엄 라인에 해당하는 메타 퀘스트 프로Meta Quest Pro를 출시했다.

삼성전자(한국)는 2022년 3월 주주총회에서 메타버스와 로봇을 신성장 동력으로 선정했다. 애플이 XR 기기를 출시한 이후 이르면 2023년 말에서 늦어도 2024년 출시를 예상하고 있다.

SONY(일본)는 2023년 2월, 4K OLED 디스플레이를 탑재한 플레이스테이션VR2PSVR2 출시를 확정했다. 강력한 게임 플랫폼을 밑바탕으로 게이머향 수요가 탄탄하다. 향후 콘솔 게임을 VR과 TV로 모두 구현 가능한 하이브리드 출시를 계획하고 있다.

Pico(중국)는 가성비를 앞세운 전략을 세우고 있다. 피코 4 시리즈 가격은 400~500달러 수준으로 메타의 '메타 퀘스트 2' 시리즈와 비슷하나 4K LCD 디스플레이 등 성능이 더 우수해 판매 호조

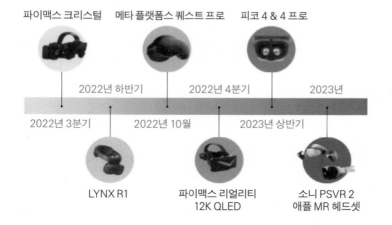

[그림 2-4] 주요 XR 헤드셋 출시 일정

파이맥스 크리스털　　메타 플랫폼스 퀘스트 프로　　피코 4 & 4 프로

2022년 하반기　　　　2022년 4분기　　　　2023년

2022년 3분기　　　　2022년 10월　　　　2023년 상반기

LYNX R1　　　　파이맥스 리얼리티　　　소니 PSVR 2
　　　　　　　　　12K QLED　　　　애플 MR 헤드셋

자료 : 언론 보도, 키움증권 리서치센터

를 이루고 있다. 그러나 불안정한 소프트웨어와 전용 콘텐츠 부족
은 약점으로 꼽힌다.


## 2022년 4분기부터 XR 관련 주에 관한 관심 UP

최근 XR 기기 관련 기업들이 주식 시장에서 서서히 다시 주목을
받고 있다. 이유는 2023년 애플, 메타, 삼성 등 글로벌 기업의 XR
기기 출시에 대한 기대감을 반영하고 있기 때문이다.

실제로 '페이스북'이 '메타'로 사명을 변경한 이유 그리고 2014년 전 세계 VR 헤드셋 시장이 장악하고 있던 오큘러스를 약 2조 원에 인수했는데, 메타는 앞으로 스마트폰 시대가 끝나고 가상현실의 시대가 올 것이라고 생각해 오큘러스 인수부터 사명 변경까지 진행한 것으로 보인다.

2022년 11월 시장 조사 기관인 카운터포인트리서치에 따르면, XR 헤드셋 시장은 2022년 1,800만 대에서 2024년 5,700만 대로 2년이라는 짧은 시간 동안에 3배 이상 성장할 것으로 전망하고 있다. 게다가 XR 헤드셋 시장은 2025년에 1.1억 대에서 2030년에는 10억 대에 근접하게 되면서 12억 대 스마트폰 시장 규모와 비슷해질 것으로 추정하고 있다.

XR 시장은 이미 성장기에 진입했다고 생각하는 사람들이 많아지고 있다. 애플이 리얼리티 상표 출원을 하면서 기재했던 내용에는 게임, 헬스 케어, 교육, 페이스타임Face Time 관련 기능 등을 포함하고 있다고 했는데 이는 XR을 적용할 수 있는 산업이 많아서 확장성이 뛰어난 시장이라는 것을 떠올려볼 수 있다.

2022년 10월 31일 삼성전자가 국립전파연구원으로부터 시각장애인을 포함한 저시력자들의 시각 보조용 의료 기기인 '릴루미노글래스2(모델명 REL-G02)'에 대한 적합성 평가 등록 절차를 마쳤다는 소식에 삼성전자의 메타버스 기기 출시가 임박했다는 시장의 기대감 속 관련 주들이 급등하기도 했었다.

**[표 2-1] AR/VR 기기 스펙**

| 구분 | Microsoft | Sony | HTC | HTC | Apple | Seiko Epson | Meta | Meta |
|---|---|---|---|---|---|---|---|---|
| 제품명 | Hololens 2 | PSVR 1 (PlayStation VR) | Vive Flow | Vive Pro 2 | XR headset, Codename N301 | Moverio AR Smart Glasses (BT-40) | Meta Quest 2(Oculus Quest 2) | Meta Quest Pro |
| 출시일 | 4Q19 | 3Q16(PSVR2 expected 1Q23) | 4Q21 | 3Q21 | 2H23 | 1Q21 | 3Q20 | 3Q22 |
| 가격(달러) | 3,500 | 399 | 499 | 800 | 2,000 | 579 | 399~499 | 1,499.99 |
| 디스플레이 | 홀로그램 렌즈 2K 3:2, 1440×936 | OLED 5.7인치 | 2×2.1인치 LCD 1,600×1,600 | 2×2,448×2,448 (6.0MP) LCD | 2×Sony 4K 4,000×4,000, 1 AMOLED | 2×Si-OLED Full HD | 2×1,832×1,920 LCD | 2×1,800×1,920 LCD |
| 플랫폼 | Windows | PlayStation | Android | Windows | App Store | Moverio apps | PC, Meta Quest store | PC, Meta Quest store |
| 센서 | 4 가시광선 카메라, 2 IR 카메랄, 1-MP ToF 센서 | 가속도계, 자이로스코프 | 9개 축 모션 센서 | G 센서, 자이로스코프, IPD 센서, Steam VR Tracking V 2.0 | LiDAR 추정 | 가속도계, 자이로스코프 | 가속도계, 자이로스코프 | 10개 MR/VR 센서 |

자료 : 미래에셋증권 리서치센터

**[그림 2-5] 김태윤 매니저 11월 목표가 달성 누적 수익률 +187.1%**

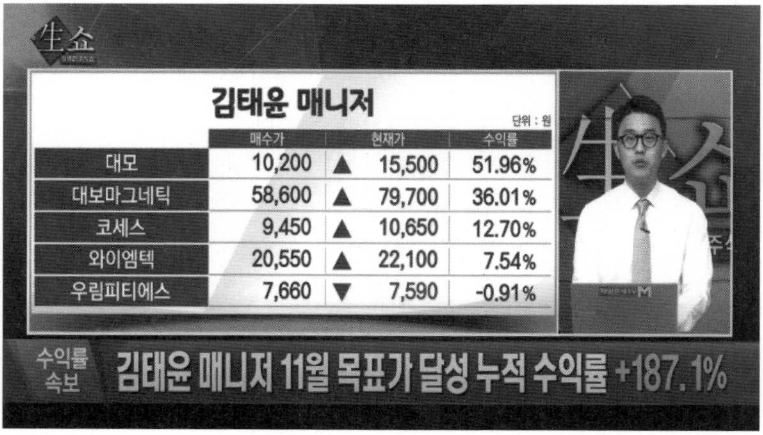
生쇼
김태윤 매니저
단위 : 원
매수가
현재가
수익률
대모 10,200 ▲ 15,500 51.96%
대보마그네틱 58,600 ▲ 79,700 36.01%
코세스 9,450 ▲ 10,650 12.70%
와이엠텍 20,550 ▲ 22,100 7.54%
우림피티에스 7,660 ▼ 7,590 -0.91%
수익률 속보
김태윤 매니저 11월 목표가 달성 누적 수익률 +187.1%

자료 : 〈생쇼〉

## XR 시장 성장 수혜 테마, 3D 센싱 모듈/OLEDos

이 책의 목적은 2023년 주식 시장에서 살아남기 위한 전략 등을 제공하기 위함이 가장 크다고 생각한다. 2022년에도 글로벌 기업들의 XR 기기 출시 기대감을 키울 수 있는 관련 이슈가 자주 부각했던 한 해였기 때문에 우리에게 XR 기기 관련 주들은 충분히 수익을 낼 기회와 변동성을 제공해주었다.

2023년은 특히 XR 관련 제품 출시 등에 관한 이슈가 더욱더 부각할 한 해이므로 우리는 무조건 XR 관련 주들을 시야권에서 멀

[그림 2-6] 애플 리얼리티 프로 출시 예상도

자료 : 언론 보도, 삼성증권

리 두지 않아야 한다. 실제로 나는 2022년 10월부터 〈생쇼〉에 출연했는데 XR 관련 주 중 하나인 코세스를 편입해 쏠쏠한 재미를 얻기도 했다.

XR 관련 주 중 가장 먼저 빼놓을 수 없는 기업은 LG이노텍이다. XR 헤드셋의 경우 현실 세계를 3D 입체 영상으로 구현하기 위해 3D 센싱 모듈을 필수적으로 탑재해야 하는데, LG이노텍은 글로벌 시장 점유율 90%를 차지하고 있다.

LG이노텍이 생산하는 ToF 3D 센싱 모듈은 피사체로 빛을 발사해 튕겨서 돌아오는 시간을 거리로 측정하며 이를 통해 사물의 입

체감과 공간 정보, 움직임 등을 인식한다. 주요 고객사인 애플에 3D 센싱 모듈을 납품해왔다.

업계에서는 향후 애플 외에도 MS, 구글, 메타 등의 메타버스 XR 헤드셋에 LG이노텍의 3D 센싱 모듈을 탑재할 것으로 예상하고 있다. 이미 LG이노텍이 독점적인 공급 구조를 확보하고 있고 지정학적 위험을 고려할 때 중국 광학업체의 3D 부품 공급이 장기적으로 어렵기 때문이다.

이외에도 OLEDoSOLED on Silicon 관련 주도 유심히 지켜볼 필요가 있다고 본다. OLEDoS는 OLED 소재를 기존 유리 기판이 아닌 실리콘 웨이퍼에 증착하는 기술을 의미하며 마이크로디스플레이와 OLED를 합쳐서 '마이크로 OLED'라고 부르기도 한다.

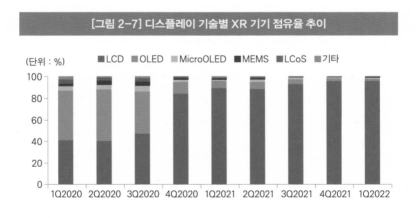

[그림 2-7] 디스플레이 기술별 XR 기기 점유율 추이

자료 : 카운터포인트리서치, 키움증권 리서치센터

## [그림 2-8] 스마트폰용 OLED vs. Micro OLED

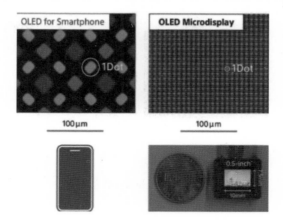

자료 : 소니

## [그림 2-9] OLEDoS 디스플레이 구조

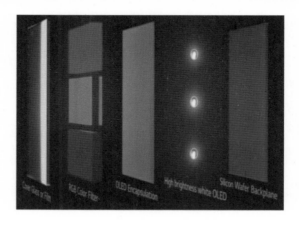

자료 : LG디스플레이

아직까지는 LCD 패널 비중이 높은 상황이나 XR 시장이 본격적으로 개화되면 다시 LCD에서 OLED로 넘어올 가능성이 크고 최근 애플, 메타 모두 OLED, OLEDoS 기술을 적용한 XR 기기 출시를 준비 중인 것으로 파악되고 있다.

LCD 패널을 많이 사용하는 이유는 판가 인하를 통해 XR 기기 대중화를 이끌기 위한 전략으로 업계 내에서는 판단하고 있다. OLEDoS의 활용이 본격화될 것으로 예상하는 이유는 몰입감을 높이고 멀미를 최소화하기 위해서는 디스플레이 화질을 최소 8K 이상으로 개선해야 하는데 기존 LCD와 OLED 기술로는 초소형 초고화질 디스플레이 양산이 힘들다.

| [표 2-2] XR 기기 관련 서플라이 체인 | |
|---|---|
| 부품 | 예상 수혜 업체 |
| 3D 센싱 카메라 | LG이노텍, 나무가 |
| FPCB | 뉴프렉스(카메라 모듈용), 인터플렉스(디스플레이 모듈용) |
| OLEDoS 디스플레이 | 소니, LG디스플레이 |
| OLED 소재 | 덕산네오룩스, 피엔에이치테크 |
| 기판용 필름 | 이녹스첨단소재 |
| 커넥터 | 우주일렉트로 |
| 광학 필터 | 옵트론텍 |
| FMM과 관련 부품 | APS홀딩스, 케이피에스 |
| OLEDoS 장비 | 선익시스템, 파크시스템스, 이오테크닉스 |

자료 : 키움증권 리서치센터

이외에도 [표 2-2]와 같이 XR과 관련해 수혜를 기대해볼 수 있는 서플라이 체인Supply Chain에 속한 기업들을 주목해보면 좋을 것 같고, XR 디바이스 시장 성장 시 VR 게임 등 콘텐츠 산업도 수혜받을 수 있으니 관련 수혜주를 찾기 위한 노력도 필요해 보인다. 예를 들면 VR 게임을 개발하는 스코넥은 소니 플레이스테이션 VR 게임 1위 이력으로 주목을 받았던 기업이다.

물론 과거의 이력이 미래의 주가 상승을 100% 설명해주기는 어려워도 그런 레퍼런스는 결국 다시 한번 투자자들의 관심주로 부각받을 가능성도 존재하니 주목받았던 이슈 등도 항상 정리해두는 것도 필요하다. 단, 시장 악재로 인한 하락 변동성 확대 시 분할로 모아가는 전략이 좋지 않을까 생각한다.

# 2023년 구리 가격 사상 최고치 경신 가능성에 주목

구리는 대표적인 원자재 종류 중 하나다. 구리가 들어가지 않는 산업이 없을 만큼 우리가 흔히 사용하는 스마트폰, 자동차 등에도 구리를 많이 사용하고 있다.

코로나19가 확산된 이후 경기가 회복하는 국면에서 구리 가격은 고공행진을 이어갔다. 2021년 3월 톤당 4,000~5,000달러 부근에서 그해 5월 톤당 1만 724달러까지 올라가며 10년 만에 최고치를 기록했다.

무엇보다도 전 세계 구리 수요의 절반 이상을 차지하는 중국 수요가 폭발적으로 증가했고, 미국이 인프라 투자 계획을 발표했기 때문이다. 하지만 러시아·우크라이나전쟁 등 인플레이션 급등으로 인한 경기 침체 우려감으로 인해 구리 가격은 상승분을 대부분 반납했다.

그렇다면 왜 우리가 2023년 구리 관련 주들을 주목해야 하는지 이야기해보도록 하겠다.

## 2023년 구리 가격 사상 최고치 경신 전망

2022년 12월 미국의 대형 투자 회사인 골드만삭스는 구리 수요가 급증하고 있는 현 상황에서 앞으로 구리 공급까지 부족해질 것이라면서 2023년 구리 가격이 사상 최고치를 경신할 것이라는 전망을 내놓기도 했다.

S&P 역시 2030년까지 구리 수요가 3배 정도 더 늘어날 것이라고 예상하고 있으며, BoABank of America는 2023년 톤당 1만 달러를 기록할 것으로 예상한다.

현재 구리 재고는 경기 침체 우려감과 중국의 봉쇄 정책에도 불구하고 5년 중 가장 적은 상황이다. 결국에는 재고가 낮은 상황에서 구리 수요가 공급 측면이든 수요 측면이든 한쪽에서라도 상승 요인이 발생한다면 구리 가격의 상승 탄력은 더욱더 강해질 가능성이 크다.

## 제2의 니켈/리튬이 될 수 있는 구리

2022년 상반기는 니켈, 하반기는 리튬 가격이 급등하면서 관련 주들이 많은 주목을 받았었다.

나는 감히(?) 구리를 제2의 니켈 또는 리튬이 될 수 있는 금속이라고 말하고 싶다.

2분기 이후부터 주목받을 수 있지 않을까 싶다. 이유는 1분기는 중국이 제로 코로나 정책을 푸는 과정에서 코로나19 확진자와 사망자 수가 급증할 수 있으므로 본격적인 소비 회복은 2분기부터 나타

[그림 2-10] 국제 구리 가격 추이

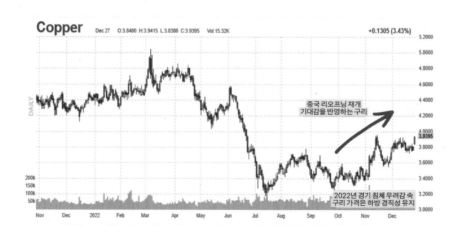

자료 : 블룸버그

날 가능성이 크다고 본다.

특히 3월에 있을 양회兩會(전국인민대표대회와 중국인민정치협상회의) 이후로 본격적인 중국의 경기 부양책이 나오지 않을까 예상해본다.

구리 가격 상승 요인으로는 수요와 공급으로 크게 나눌 수 있다. 먼저 공급 측면에서 접근해본다면 주요 구리 생산 국가인 페루나 칠레 등에서는 가뭄과 지역민들의 시위 등으로 인해 생산량이 줄어든 상황이다. 특히 칠레·멕시코·페루 등은 전 세계 구리 매장량의 40%를 보유한 국가들이기도 하다.

구리 가격의 상승 요인으로는 공급 측면보다 수요 측면에서 조금 더 구리 가격 상승에 영향을 주지 않을까 생각한다.

수요 측면에서의 구리 가격 상승 요인은 다음과 같이 생각해봤다. 전기차 시장은 여전히 고성장 중이고, 그린(신재생) 에너지 정책 전환에 따른 구리 수요는 증가할 것이다. 네옴시티, 우크라이나 재건 등 대형 프로젝트와 중국 방역 완화, 경기 부양책에 대한 기대감 또한 무시할 수 없다.

## 달러화 약세에 따른 원자재값 상승 압력

구리 등 주요 원자재들의 결제 통화는 달러다. 달러 가치의 하락은 원자재값 상승 요인 중 하나다.

물론 달러가 약세 흐름이 이어지더라도 원자재에 대한 수요가 부진하다면 해당 원자재값은 하락세를 지속하기는 하지만 위에서도 언급했듯이 앞으로 구리 가격은 적은 재고 수준, 구리 수요 증가, 중국의 리오프닝 전환으로 인해 구리 수요에 대한 걱정을 2023년은 하지 않아도 되지 않나 생각해본다.

달러화 약세 요인으로는 다음의 요소를 꼽을 수 있다. 첫째, 일본의 통화 정책 변화에 따른 엔화 강세 가능성. 둘째, 미국 연준의 긴축 속도 조절 기대감. 셋째, 안전자산에 대한 수요 심리 감소 등으로 판단하고 있다.

2022년 달러화의 초강세로 인해 국내 기업 중 실적 변동성이 적었던 기업들은 대부분 수출 비중이 높아서 강달러 수혜주로 분류된 기업들의 실적만 상대적으로 양호했다. 반면, 달러화 강세에 노출된 기업들의 경우 원자재값 급등에 따른 비용 상승으로 인해 실적은 부진한 흐름을 보였다.

## 전 세계 구리 수요의 50% 이상을 차지하는 중국

2023년 구리 가격 상승의 주요 키워드는 결국 중국이다. 중국은 한동안 '제로 코로나' 정책을 고수하며 도시 봉쇄를 강화했다. 4년 전부터 이어온 부동산 '디레버리징(부채 감축)' 결과로 헝다恒大 같은 대형 건설사가 부실화됐고 부동산 경기가 얼어붙기도 했다.

하지만 2022년 10월에 시진핑 집권 3기가 출범한 이후 부동산 위기를 해소하기 위해서 주택 공급을 늘릴 가능성이 크고 이는 구리 수요 증가로 이어질 수 있다.

중국과 함께 세계 경제를 이끌고 있는 미국의 경우 부동산 경기 둔화로 인한 구리 수요가 크게 줄면서 2023년 구리 가격의 상승 흐름을 견인할 지역으로 보기에는 어려울 것 같다.

### 투자 유망 종목 ① 풍산(103140)

2023년 글로벌 금리 인상 기조 완화로 인한 금속 가격이 상승했다. 풍산의 주가는 구리 가격과 동행하는 움직임을 보이고 있다. 제

[그림 2-11] 구리 가격과 풍산 주가 추이

자료 : 이베스트투자증권 리서치센터

품 가격이 원재료인 전기동 가격에 상당 부분 연동되어 결정되고 있기도 하다. 과거 구리 가격 상승 시기에 주가도 함께 상승했는데 [그림 2-11]을 참고하기 바란다.

### 투자 유망 종목 ② 이구산업(025820)

이구산업은 1968년에 설립한 비철금속 전문 제조업체다. 구리를 원재료로 산업용 동, 황동판 생산과 판매를 하고 있다. 구리 가격 변동에 가장 민감하게 주가가 반응하는 기업이기도 하다. 타프피치 동은 전도율이 좋아서 전기차에 많이 사용하고 있다. 이구산업은 전기차 부품, 소재 매출 증가로 수익성을 개선하고 있다.

# 2023년 투자 전략과 노하우

## 최악의 경기 침체 신호는 최고의 매수 기회

2022년 12월 블룸버그Bloomberg가 이코노미스트를 대상으로 한 월간 설문 조사에 따르면, 2023년 경기 침체에 빠질 가능성이 70%라고 한다.

물론 미국 연준의 공격적인 금리 인상 여파로 인해 2023년 미국 경제가 침체에 빠지게 되면 우리나라를 포함한 주요 증시에도 영향을 줄 수는 있다.

소비지표 둔화 등 전반적인 경기 침체 시그널이 강하게 발생하게

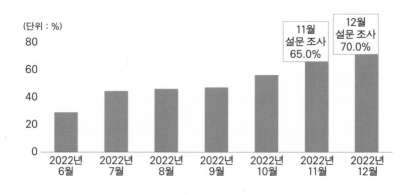

되면 오히려 미국 연준은 구원투수가 될 가능성이 크다고 보고 있다. 단, 전제 조건이 있다.

경기 침체 시그널이 애매하게 나오기보다는 시장에서 예상했던 것보다는 더욱더 안 좋게 나왔을 때 미국 연준이 그동안의 매파적 스탠스에서 다소 완화적인 스탠스로 전환되지 않을까 싶다.

물론 예상보다 강한 경기 침체 시그널이 나온다면 단기적으로는 주가의 하락 변동성이 커질 수는 있겠지만 그때가 오히려 저가 매수의 기회가 될 것으로 판단하고 있다.

위기 뒤에 기회가 오고 항상 증시의 저점은 투매가 나오고 나서 강한 반등이 나왔다. 최악의 경제지표가 어찌 보면 최고의 매수 기회가 될 수 있다.

## 성장주 투자는 분할로 모아가는 전략이 필수

미국 연준은 2023년에도 여전히 고금리 수준을 유지할 가능성이 크다. 2022년 4분기 들어서 미국 소비자물가지수CPI 등 주요 물가지표가 조금씩 안정화되는 모습을 보여주고는 있지만 아직은 미국 연준이 목표로 하는 2%대까지 내려오려면 시간이 조금 더 필요한 상황이다.

2024년부터 금리 인하 가능성이 존재하는 상황에서 2분기 정도 되면 서서히 성장주를 모아갈 시점으로 본다.

보통 주식 시장은 6개월 정도 선행하기에 우리가 미리 주가 상승 전 저렴한 가격에 좋은 기업을 매수하려면 시간적인 여유를 가지고, 그리고 조급한 마음을 버리고 꾸준히 분할 매수로 주가 하락 시마다 모아간다면 오히려 2024년 금리 인하 가능성이 언급되기 시작할 수도 있는 3분기나 4분기쯤 성장주 위주의 상승장이 나올 가능성도 열어둘 필요는 있다고 본다.

## 매달 실현 손익은 5%를 목표로

나는 항상 실현 손익 기준으로 계좌 수익률을 매달 5%로 목표로 하는 것이 좋다고 생각한다. 현금이 많은 상황에서 그리고 시장이 좋은 흐름에서는 실현 손익 기준으로 5% 수익은 어렵지 않다고 생각한다.

실제로 어려운 부분은 이 5%를 지속적으로 매매 회전을 시키면서 매달 유지할 수 있는지다. 보통 2~3개월은 시장이 도와준다면 충분히 매달 5% 정도의 실현 수익률을 얻을 수 있다고 보는데, 정말로 어려운 부분은 1년 내내 5% 정도의 실현 수익률을 유지하는 것이다.

우리가 투자하면 시간이 지나면 지날수록 매매할 현금이 줄어드는 경험을 많이 했을 것이다.

하락장을 한번 맞으면 점점 물린 종목이 많아지고 그렇게 되면 매매 회전 자체가 줄어들면서 실현 수익은커녕 매매 자체를 못하는 경우가 잦다.

시장의 흐름은 매번 변한다.

그런데 매매 회전 자체를 못하게 되는 경우라면 그 시장의 트렌드를 쫓을 수 없게 되고 무작정 보유한 종목들이 다시 부각하기를 기약 없이 기다리게 된다. 시장에서 소외당하는 날이 길면 길수록 결국 참지 못하고 손실이 큰 상황에서 손절하고 다시 무언가를 새롭게 시작하려고 한다.

5%라는 수익을 매달 목표로 하라는 것이 무조건 매달 5% 정도의 수익을 내라는 게 아니라 매매 회전을 유지하는 데 집중하라는 의미다.

2023년은 실현 수익이 매달 5%가 아니어도 좋다. 실현 손익이 망가지지 않게 유지하면서 매매 회전율을 유지하는 데 집중한다면 내 계좌는 항상 숨을 쉬고 있을 것이다.

# PART 3

# 성장주의 계절이
# 다시 찾아온다

김영민

QR코드를 찍으시면 저자를 만나보실 수 있습니다.

# 01

# 긴축과 경기 침체, 상수와 변수

## 미국 금리 인상 사이클 종료 시점은 언제?

2020년 이후 국내 증시는 수많은 기록을 양산하면서 기록적인 상승과 하락의 사이클을 경험했다. 2020년 3월 전 세계적인 코로나 19 확산으로 코스피지수는 1,439포인트까지 하락했고 글로벌 증시 역시 동반 폭락세를 연출했다. 내로라하는 투자은행들은 1930년대 대공황을 다시 언급하면서 자본주의의 종말을 우려했다.

하지만 그 후 15개월간 국내 증시는 유례없는 폭등장을 경험했다. 미국 연준의 돈 풀기와 동학 개미 운동으로 주식 시장에 엄청난 유동성이 공급되면서 코스피지수는 전대미문의 3,000포인트 고지를 밟았다. 일 거래 대금이 40조 원을 넘기는 게 부지기수였고, 증시예탁자금이 70조 원을 훌쩍 넘기기도 했다. 그야말로 '주식 투자 열풍'이 불면서 우리나라 국민이라면 누구나 하루에 수차례 주식 거래 앱을 들락거렸다.

영광은 오래가지 못했다. 2021년 6월 25일 코스피지수는 3,316포인트의 최고가를 형성한 이후 1년 6개월 만에 고점 대비 30% 넘는 하락세를 기록했다. 삼성전자, SK하이닉스, NAVER, 카카오, 현대차 등 국민 주식들은 고점 대비 작게는 30%, 많게는 60% 넘는 하락세를 보이면서 끝 모를 수렁에 빠져들었다.

2020년 이후 주식 투자를 처음 접한 '주린이(주식+어린이)'들은 주가가 이렇게 단기간에 급락할 수 있다는 점에 적잖은 충격을 받았다. 내내 오르기만 할 줄 알았던 자산 시장의 버블이 바람 빠진 풍선처럼 서서히 쪼그라들게 된 것이다.

주식 시장뿐 아니라 부동산 시장도 거래가 씨가 마를 정도로 얼어붙었고, 안전자산인 채권 시장도 급락세를 피할 수 없었다. 코로나19로 유례없는 유동성 장세, 금융 장세가 이렇게 작별을 고했다.

시장이 하락한 이유는 명확하다. 자산 가격 상승과 임금 상승으로 인해 가처분소득이 증가하자 사람들은 소비를 늘리기 시작했다. 특히 코로나19로 억제됐던 소비가 각국의 위드 코로나 정책으로 폭발하자 물가가 빠르게 상승하기 시작했다.

2022년 6월 미국의 CPI는 2021년 동기 대비 9.1% 급등하면서 42년 만에 최고치를 갈아치웠다. 살인적인 물가 상승에 기름을 부은 것은 러시아·우크라이나전쟁이었다. 지정학적 리스크로 인한 공급망 왜곡, 소비 팽창으로 인한 상품과 에너지 가격의 상승은 연준의 통화 정책에 심대한 변화를 초래했다.

미국 연준은 제로 금리 상황을 탈피하기 위해 금리 인상의 속도를 끌어올렸다. 한 번에 0.5%포인트 금리를 올리는 빅 스텝을 단행함은 물론이고 한 번에 0.75%포인트 금리를 올리는 자이언트 스텝까지 불사했다. 미국 연준은 2022년 6월 FOMC 이후 4번 연속으로 자이언트 스텝으로 금리를 올리면서 고공행진을 하는 물가와의 전쟁을 선포했다.

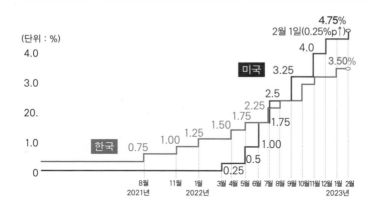

[그림 3-2] 한미 기준금리 인상 추이

자료 : 한국은행, 미국 연방준비제도(Fed)

꺾이지 않을 것 같았던 물가는 2022년 6월을 기점으로 상승 폭이 둔화하기 시작했고 연준의 정책 방향에도 변화가 불가피했다. 지나치게 공격적인 금리 인상으로 인해 경기 침체 시그널이 뚜렷해지자 금융 시장은 연준의 속도 조절을 요구했다.

미국 연준은 지금 당장 금리를 인하하는 것이 시기상조임을 재차 강조했지만, 금리 인상의 속도 조절이 불가피하다는 점도 인정했다. 파괴적인 금리 인상이 가계와 기업의 고통을 수반하고 수요를 파괴하는 긴축의 효과가 서서히 반영되기 시작한 것이다.

이제 시장의 관심은 과연 이번 금리 인상 사이클이 언제쯤 끝날 것인가 하는 점이다. 2022년 10월 이후 글로벌 증시는 가격 회복 시도에 나서고 있다. 아직 베어마켓 랠리Bear-market Rally(약세장 속의 일시적인 반등 장세)라는 평가가 지배적이지만 미국 연준의 기준금리 인상 종료와 금리 인하 시점이 본격적인 상승장으로의 전환 시점을 결정하게 될 것이다.

적어도 2023년 상반기 안에 미국 연준이 기준금리를 인하하는 일은 쉽지 않아 보인다. 여전히 5~6%대라는 높은 수준의 물가와 탄탄한 고용 시장이 그 배경이다. 하지만 미국을 포함한 글로벌 경제의 성장 엔진이 빠르게 식어가는 지금 시점에서 지나친 경기 하방 압력을 차단하는 것 역시 미국 연준의 역할이다.

빠르면 2023년 하반기에 미국 연준이 금리 인하를 시작하면 증시는 피봇이 가능해진다. 주식 시장은 그 어떤 경제지표보다 빠르게 반응하는 선행지표다.

이제 현명한 투자자들은 급락장의 폐허 속에서 희망을 바라봐야 하고, 재개할 금리 인하 사이클을 대비한 시장 반등을 차분하게 준비해야 하는 시점이다.

## 금리 인하와 한국 증시 상승의 동행 사이클

'금리 인상은 주식 시장 하락, 금리 인하는 주식 시장 상승'이라는 전통적인 통화 정책 해석은 이제 신뢰도가 떨어진다. 수많은 금융 공학 기법이 탄생하고, 주식 시장에 영향을 미치는 외부 변수가 크게 늘면서 통화 정책 민감도는 점차 낮아질 것이다.

하지만 그 통화 정책의 속도가 실물 경제의 변화를 반영하는 것보다 훨씬 빠르게 움직인다면 얘기는 달라진다.

2022년 글로벌 증시 하락은 단순히 금리 인상 사이클로 인한 것이라기보다는 속도의 문제였다. 즉, 지나치게 빠른 금리 인상 충격으로 인해 급격한 유동성의 회수, 통화 정책의 효과가 물가와 고용 시장에 실질적인 영향력을 발휘하기 전에 더 강한 금리 인상을 강요했던 '속도'의 문제였다.

하지만 이제 물가의 정점Peak-out을 확인했고 금리 인상의 속도 조절이 기정사실화된 만큼 주식 시장의 반응도 달라질 시점이다. 2023년 한국 증시의 매력도가 높은 것에는 몇 가지 객관적인 근거가 있다.

첫째, 수출 회복이다. 세계적인 경기 침체 우려에도 불구하고 중국 경제의 본격적인 리오프닝으로 화학·철강·기계 장치 등의 호황과 반도체 업황 턴 어라운드 가능성이 그것이다.

특히 우리나라의 가장 큰 수출 효자 품목인 반도체 업황이 살아날 수 있다는 점은 다른 신흥국 대비 국내 증시의 밸류에이션 매력을 한층 높여주는 대목이다.

둘째, 안정적인 원화 가치다. 한 나라의 경제 펀더멘탈을 대변하는 통화의 가치는 외국인 투자자들의 투자를 결정하는 결정적인 변수다. 여타 신흥국 대비 안정적인 외환 보유고, 자본 시장 개방, 적절한 산업 포트폴리오는 미국 연준의 금리 인하와 함께 신흥국 투자 비중이 늘어나면 한국 증시는 제1의 투자 대안으로 부상할 긍정적인 요소다.

셋째, IT 기반의 제조업 혁신이다. 그동안 우리나라 경제는 반도체 산업에 지나치게 의존해왔다. 지금도 여전히 대외 수출 비중에서 반도체가 차지하는 비중이 19% 수준으로 압도적으로 높지만, 바이오·배터리 등 새로운 수출 품목들이 속속 점유율을 높여가고 있다.

결정적으로 4차 산업혁명과 함께 제조업의 혁신, 유통망의 개혁과 융복합 산업의 부상은 IT 기반 제조업 강국인 우리나라에 또 다른 성장의 기회를 제공해준다.

극심한 침체를 겪은 우리나라 증시가 미국 연준의 긴축 사이클 종료, 금리 인하 피봇이 진행될 경우 가장 큰 수혜를 입을 수 있는 시장 중 하나라는 점을 월가 주요 투자은행들이 앞다퉈 예측하고 있다. '시장은 공포를 먹고 살찐다'라는 오래된 증시 격언을 다시 한번 떠올려볼 시점이다.

금리 인하와 국내 증시 상승 사이클의 동행Coupling을 미리 준비해야 한다. 비단 매크로 변수와의 상관관계를 따지지 않아도 지금 현재 국내 증시에 상장된 다수의 종목이 밸류에이션 저평가 국면에 놓여 있다.

조금만 시간적 여유를 즐길 수 있는 투자자라면 지금이야말로 새로운 기회를 모색할 단계다.

## 경기 침체 상수 vs 변수

증시는 지난 1년간 금리 인상과 경기 침체라는 2가지 악재에 시달렸다. 똑같은 악재에 노출된 증시가 이렇게 똑같은 재료로 반복적인 하락을 겪는 게 지나치다 싶을 정도로 금리 인상과 경기 침체의 공포는 주식 시장을 압도하는 변수였다.

하지만 이제부터는 변수가 아닌 상수로 봐야 한다. 이미 시장은 경기 침체에 대한 공포를 상당 부분 가격에 반영시킨 상태이고, OECD 주요 국가는 경기 하방 압력에 대비한 다양한 재정 정책 옵션을 검토하고 있다.

통화 긴축 역시 정점을 통과한 상태로 미국 연준의 기준금리 인하와 함께 세계 각국은 다시 경제를 살리기 위한 돈 풀기에 나설 가능성이 크다. 경기 침체를 더는 변수가 아닌 상수로 바라보는 발상의 전환이 있어야만 주식 시장의 가격 매력을 포착할 수 있고 적극적인 포트폴리오 구축이 가능해진다.

2023년 국내 기업들의 실적 전망은 어둡다. 이미 경기 침체를 반영한 컨센서스의 하향 조정을 상당 부분 진행한 상태다. 시장의 눈 높이가 낮아졌기 때문에 실적 우려가 주가에 미치는 영향을 최소화할 수 있다.

그리고 PERPrice Earning Ratio, PBRPrice Book value Ratio 등 객관적인 멀티플Multiple이 역사적인 저점 수준에 놓여 있다. 2020년 3년 이후 15개월 동안이 밸류에이션 고평가가 극에 달했던 시점이라면 지금은 밸류에이션 저평가를 노려볼 구간이라는 말이다.

물론 경기 침체의 강도와 기간이 어느 정도인지 누구도 가늠하기 어렵다. 지나친 낙관론을 경계해야 하는 것도 맞다. 다만, 4차 산업 혁명의 가속화와 새로운 산업 트렌드의 형성이 그 어느 때보다 빨라지고 있다는 사실도 부인할 수 없다.

주식 투자를 20년 이상 해온 투자자들은 2000년 초 닷컴 버블 사태를 기억할 것이다. 인터넷 시대가 부상하면서 수많은 IT 벤처기업의 주가가 텐 배거Ten Bagger(10루타)를 기록할 정도로 대박 난 종목들이 속출했다.

인터넷 시대가 저물고 이제 앞으로 어떤 세상이 펼쳐질 것인가. 통화·금리·물가 등 매크로 지표들을 뛰어넘는 세상의 변화가 투자자들의 욕구를 자극할 것이다.

새로운 기회, 세상의 변화, 상상력을 자극하는 신사업의 출현은 주식 시장이 가장 좋아하는 재료다. 경기 침체를 상수로 받아들이고 이제 세상의 변화에 맞는 참신한 포트폴리오를 한발 빠르게 고민해야 할 시점이다.

# 02

# 〈아바타 2〉 그리고
# 새로운 세계

## CES 2023 메인 테마는 메타버스

2022년 12월, 〈아바타 2〉가 개봉했다. 영화 〈아바타〉가 전대미문의 글로벌 흥행을 기록한 이후 13년 만이다. 〈아바타〉는 전 세계적으로 29억 2,291만 달러의 수익을 올리며 아직도 월드와이드 흥행 1위 자리를 유지하고 있다.

〈아바타 2〉가 전작의 흥행 기록을 뛰어넘을 가능성이 확실시되는 가운데 제임스 카메론James Cameron 감독의 세계관, 자연관이 다시 한번 전 세계인의 관심을 받고 있다.

최근 영화계의 가장 큰 화두는 '멀티버스Multiverse'다. 일명 다중 우주론으로 비단 영화적 상상력으로만 그치는 것이 아니라 현대 물리학에서도 지대한 관심을 받으면서 문화·예술·경제 각 분야에 심대한 영향을 미치고 있다.

영화적 상상력이 현실의 변화를 주도하는 개념으로 발전하고 있는 것이 또 있다. 바로 '메타버스Metaverse'다. 가공, 추상의 개념을 뜻하는 메타Meta와 현실 세계를 의미하는 유니버스Universe의 합성어로 3차원의 가상 세계를 의미한다.

기존의 가상 현실Virtual Reality을 뛰어넘는 개념으로 소셜 네트워크 서비스SNS라는 플랫폼을 도구로 게임, 콘텐츠, 세컨드라이프의 개념으로 끊임없이 확대 재생산되고 있다.

미래학자와 경제 전문가들은 메타버스가 인터넷을 대체하는 새로운 도구로 발전할 가능성이 크고, 특히 사람과 사람의 소통, 각종 문화 활동과 경제 활동, 그에 연동한 부가가치의 창출이 가능해지는 새로운 시공간의 개념을 대체할 것으로 전망한다.

아직은 게임, 가상 인간, 콘텐츠 등 제한적인 분야에서 활용하고 있지만 앞으로 10년 안에 인간의 삶과 기업의 경영 활동은 메타버스의 절대적인 영향력 안에 놓일 것이란 얘기다.

2023년 1월 5일부터 미국 라스베이거스에서 열린 '2023 CES'는 이런 메타버스의 시대가 인류에게 어떤 미래를 선보일지 가늠해볼 좋은 기회였다.

[그림 3-3] 2023 CES 메인 테마

자료 : 2023 CES 공식 홈페이지

CES는 매년 1월 열리는 국제가전박람회지만 IT와 가전에 국한하지 않고 미래 신기술과 비전, 혁신적인 세계관을 확인할 기회의 장이다. 2023 CES에는 전 세계 4,400여 개 업체와 17만 명이 참여했고 '메타버스'가 메인 테마 중 하나였다. 메타버스는 아주 먼 미래가 아닌 바로 우리의 현실 깊숙이 다가와 있다.

## 메타와 소니, 그리고 애플의 참전

투자의 관점에서 '메타버스'를 주목해야 하는 이유는 명확하다. 바로 현시대를 주름잡고 있는 빅테크 기업들이 모두 메타버스를 새로운 성장 동력으로 생각하기 때문이다.

페이스북의 창업자 마크 저커버그Mark Zuckerberg는 인터넷 시대와 소셜 미디어의 시대를 뛰어넘어 메타버스의 시대가 올 것이라는 확신으로 페이스북의 사명을 아예 '메타 플랫폼스Meta Platforms, Inc.'로 갈아치우고 메타버스에 올인을 선언했다.

애플, 삼성전자, 소니 같은 주요 IT 기업들은 앞다퉈 메타버스 생태계에서 가장 핵심적인 IT 디바이스와 새로운 폼팩터Form factor를 선점하기 위한 공격적인 투자에 나서고 있다.

증강 현실AR과 가상 현실VR을 구현하기 위한 하드웨어 기기는 새로운 시대를 여는 열쇠다. PC와 스마트폰이 개발되면서 인터넷 시대가 고도화된 것과 마찬가지로 AR 렌즈, 스마트 글래스, 각종 XR 기기의 탄생은 메타버스의 시대를 더욱 앞당길 것이 분명하다.

삼성전자도 스마트폰을 대체하는 새로운 IT 기기를 개발하기 위해 태스크 포스를 구성하고 천문학적 투자와 M&A를 준비하고 있다. 소니, 애플 같은 경쟁 기업들에 앞서 시장을 선점하기 위한 전략은 추격자가 아닌 혁신을 주도하는 IT 기업으로서의 명성을 얻기 위한 생존 전략이다.

주식 시장에서도 이미 한 차례 메타버스 광풍이 불었다. 2021년 메타버스라는 새로운 개념이 시장에 소개되면서 관련 종목들에 대한 광범위한 테마가 형성되고 많은 기업의 주가가 폭등세를 기록했다. 게임, 콘텐츠 기업은 물론 VFXVisual Effects 기술을 보유하고 있는 기업들의 주가가 작게는 2~3배, 많게는 10배가 넘게 급등하면서 많은 투자자의 관심을 끌었다.

글로벌 펀드와 국내 자산운용사들은 앞다퉈 메타버스 ETF를 출시하면서 메타버스 투자 열기에 기름을 부었고 메타버스는 곧 새로움, 혁신의 상징으로 자리 잡았다.

단순 기대감으로 형성된 시장의 테마를 새로운 산업 트렌드로 바꿀 기업들은 막대한 자금과 인력을 동원해 R&D 투자에 나서고 시장 개화를 위한 선도적인 역할을 할 것이다. 특히 애플의 참전은 메타버스 시대의 밑그림을 완성하는 화룡점정이 될 것이다.

## 인터넷 시대의 종말, 메타버스 시대의 개화

앞에서 메타버스의 출현은 인터넷 시대를 대체하는 시대의 변화라는 점을 언급했다. 사람과 사람, 사람과 사물의 연결을 의미하는 인터넷 시대는 가상과 추상의 새로운 공간을 창출했고, 이는 메타버스라는 새로운 세계로의 대전환으로 이어졌다.

주식 시장이 가장 좋아하는 테마는 '새로운New' 것이다. 시대의 변화를 주도하고 혁신을 상징하는 기업들이 주식 시장에서 꾸준히 사랑받아왔다.

인터넷 시대의 시작과 함께 벤처 투자 열풍으로 1990년대 후반과 2000년대 초반 IT 버블로 상징되는 광풍이 휩쓸고 갔다. 2023년 우리나라를 주름잡고 있는 NAVER, 카카오 등 인터넷 기업과 엔씨소프트, 넥슨 등 게임 기업들은 모두 1996년 이후 탄생한 신생 벤처기업들이다.

앞으로 인터넷을 대체하는 메타버스의 시대가 오면 또 어떤 기업들이 탄생하게 될까?

애플은 세계 최초로 아이폰이라는 스마트폰을 개발하면서 인터넷 시대의 심화를 주도했다. 이런 애플이 메타버스 시대를 주목하는 것이다. 애플은 iOS와 앱스토어를 통해 강력한 인터넷 생태계를 구축했다. 앞으로 애플이 출시하는 새로운 하드웨어 기기는 메타버스 관련 폼팩터의 기준이 될 것이고, 폭발적인 콘텐츠를 생산하는 인큐베이터 역할을 할 것이다.

애플 앱스토어에는 지금 이 순간에도 전 세계 수많은 개발자와 엔지니어가 혁신적인 어플리케이션과 콘텐츠를 창조해 업로드하고 있다. 애플이 MR, XR 기기들을 공개하면 아이폰과 연동한 강력한 생태계를 구축함과 동시에 전 세계 수많은 기업에 메타버스와 관련된 새로운 사업 아이템과 이윤 창출의 기회를 창조해줄 것이다.

## 메타버스 핵심 수혜주 투자 전략

주식 시장에서 하나의 테마가 주목받기 시작하면 일종의 사이클이 만들어진다. 한 인간이 태어남과 동시에 유아기→청소년기→성년기→장년기→노년기 등 생애 주기를 거치는 것과 마찬가지로 테마는 발전해서 섹터가 되고 섹터가 발전하면 하나의 산업 트렌드로 성장하게 된다.

시장 형성기에는 각종 테마주가 먼저 주목받지만, 성장기→성숙기로 진입하면 실질적인 수혜를 바탕으로 폭발적인 실적 성장을 거듭하는 기업들이 시장의 주도주 자리를 꿰찬다.

메타버스 투자와 관련해서 가장 먼저 관심을 둬야 하는 기업은 당연히 하드웨어 관련 기업들이다. 메타버스 기기를 만들기 위해 핵심 역할을 하는 Micro-OLED 관련 주(선익시스템, 코세스, APS홀딩스, 풍원정밀 등)와 실제 하드웨어 기기를 생산하고 설계할 애플, 삼성전자, 소니 등이다.

메타버스라는 그릇 안에 담길 내용물을 만들 콘텐츠, 소프트웨어, 플랫폼 기업을 주목해야 한다.

게임·영화·드라마 등 문화 예술 분야에서 폭넓게 활용할 VFX 기술을 보유한 기업(덱스터, 위지윅스튜디오, 자이언트스텝 등)과 모바일, P2EPlay-to-Earn(돈 버는 게임), 콘솔 등 다양한 게임을 개발하는 게임 기업(펄어비스, 카카오게임즈, 엔씨소프트, 로블록스 등), 각종 플랫폼과 엔진을 개발할 역량을 보유한 기업(맥스트, 엔피, 유니티소프트웨어, 메타 플랫폼스 등)이 훌륭한 투자 대안이 될 수 있다.

다만, 단순 테마적인 접근보다 장기적인 안목과 미래 지향적인 관점의 투자 접근이 중요하다. 한때 시가총액이 3조 달러를 넘던 애플이라는 기업도 아이폰을 처음 개발한 2007년의 주가는 지금의 40분의 1에 불과했다. 시대의 변화를 주도하는 혁신적 성장주야말로 단기 접근이 아닌 장기 투자의 관점으로 접근해야 하는 이유다.

# 03

# 옵티머스,
# 1인 1로봇의 시대

## 일론 머스크의 또 다른 승부수, 로봇

2022년 한 해 동안 테슬라의 주가는 고점 대비 약 70% 가까이 급락했다. 2022년 연말을 기준으로 테슬라에 투자한 서학 개미들이 3.5조 원 치 테슬라 주식을 매수했다는 점을 감안하면 그 손실 또한 상당했을 것으로 추정한다.

트위터를 인수하는 과정에 필요한 자금 조달을 위해 테슬라 창업주 일론 머스크Elon Musk는 보유하고 있던 테슬라 주식을 지속적으로 내다 팔았고 이는 주가 수급에 부정적인 영향을 끼쳤다. 거기에

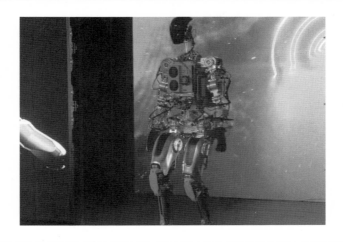

[그림 3-4] 테슬라 AI 데이 2022

자료 : 테슬라 공식 유튜브

전기차 수요 둔화에 대한 우려까지 겹치면서 테슬라 주가는 나락으로 떨어졌다. 급기야 트위터 CEO 자리에서 물러나겠다는 사임 의사를 밝히고, 향후 2년간 테슬라 주식을 팔지 않겠다고 공언했음에도 주가 하락세는 멈추지 않았다.

숱한 논란과 화제를 뿌리고 다니면서 정작 테슬라 주가 관리에는 소홀했다는 비난이 터져 나올 법하다. 그럼에도 우리는 여전히 일론 머스크가 무엇을 상상하는지, 또 무엇을 창조할 것인지에 관심이 큰 편이다.

2002년 9월 30일, 테슬라 AI 데이를 통해 머스크는 휴머노이드 로봇 '옵티머스'를 공개했다. 3~5년 후에 수백만 대를 생산해 2만 달러 이하로 판매할 것이란 야심 찬 계획도 발표했다.

머스크는 '로봇이 풍요로운 미래, 빈곤이 없는 미래를 만들 것'이라며 휴머노이드 로봇 양산에 대한 강력한 의지를 드러냈다. 다른 사람이 아닌 일론 머스크의 주장이기 때문에 더욱 설득력이 있다.

10년 전만 하더라도 누구도 가능하지 못하다고 평가했던 기가 팩토리를 건설하고, 매년 수십만 대의 전기차를 판매하고 있는 테슬라는 그의 상상력에서 시작했다. 휴머노이드 로봇의 시대도 이제 머지않은 미래에 곧 현실이 될 것이다.


## 삼성전자의 1인 1로봇 청사진

'옵티머스'의 시제품이 공개되고 약 1개월 후 삼성전자 한종희 부회장 역시 의미심장한 화두를 던졌다. 삼성리서치 내에 로봇센터를 설립해 핵심 기술을 확보하고 있으며, 곧 도래할 가정 내 '1인 1로봇' 시대를 준비하고 있다며 로봇 산업에 대한 삼성전자의 미래 전략을 명확하게 제시했다.

지속적인 연구개발과 조기 제품화를 통해 인간의 경험과 능력을 확장하고 국가 경제 발전에 이바지할 수 있는 로봇 산업을 삼성그룹의 미래 신성장 사업으로 삼겠다는 포부다.

이미 산업계 여러 분야에서 로봇의 역할은 점점 더 커지고 있다. 공장 내 자동화 로봇과 스마트 팩토리 시스템 도입, 자율주행 배달 로봇과 서빙로봇 상용화, 운동을 도와주고 신체 결함을 보완해주는 웨어러블 로봇까지 발전 가능성은 무궁무진하다.

우리나라는 여전히 IT와 제조업 기반의 산업 구조인 만큼 로봇 산업 육성을 위한 기초 체력은 충분히 준비되어 있다고 볼 수 있다. 여기서 세계 최고의 반도체 생산 능력과 제조업 인프라까지 감안하면 로봇 산업을 단지 한 기업이 아니라 국가적 차원에서 지원하고 육성해야 한다.

미국의 오픈AI가 개발한 '챗GPTChatGPT'가 전 세계적인 열풍을 일으켰다. 인공지능이 단순 번역과 채팅의 한계를 뛰어넘어 사람과 대화하고 스스로 사고하고 학습한 결과를 실시간으로 피드백해준다는 점에서 많은 사람이 충격을 받았다.

영화 〈아이언맨〉(2008)이나 〈HER〉(2014)에서 인공지능 로봇과 대화하고 교감하는 장면이 실제 현실에서 얼마든지 일어날 수 있다는 것을 절감하게 했다.

구글, MS, 아마존 등 빅테크 기업 역시 지속적인 투자와 연구개발을 통해 딥러닝 기반의 인공지능 기술과 휴머노이드 로봇 핵심 인력을 확보하기 위한 치열한 경쟁을 벌이고 있다. 산업 현장에서뿐 아니라 우리의 일상생활 속으로 빠르게 확산하는 로봇 산업의 성장 가능성에서 우리는 또 다른 투자의 기회를 잡을 수 있다.

## 협동로봇과 우리나라 제조업의 미래

우리나라는 전 세계에서 가장 빠른 속도로 저출산, 고령화 사회로 진입하고 있는 국가 중 하나다. 세대를 거듭할수록 노동 가능 인구는 줄어들고, 생산 능력은 떨어지게 될 것이다.

인구 고령화와 함께 질병과의 전쟁, 건강한 노후를 위한 경제적 약자의 복지 예산 확보 문제, 최저 임금의 상승과 노동 생산력 저하로 인한 일자리 수급 문제 등은 미래 우리나라 경제의 가장 심각한 걸림돌이 될 것이다.

따라서 다가올 미래의 분명한 위기에 대한 선제적 대안과 국가적 차원 대책 마련이 시급하다. 여기서 가장 중요하게 떠오르는 분야가 바로 협동로봇이다.

삼성그룹은 반도체와 디스플레이 등 주요 제조 공장에서 2030년까지 무인 공장화를 추진하겠다는 포부를 밝혔다. 스마트 팩토링 관련 솔루션 기술이 나날이 발전하고 있고, 이를 뒷받침해줄 자동화 로봇 기술이 하루가 다르게 발전하고 있다. 로봇 분야의 가장 선진국이라고 할 수 있는 미국과 일본 수준에는 한참 못 미치지만, 관련 산업에 대한 정부의 육성 의지와 기업들의 적극적인 투자가 이어진다면 기술 격차를 충분히 따라잡을 수 있을 것이다.

특히 국내 산업의 가장 큰 부분을 차지하는 반도체와 디스플레이 분야, 최근 각광받는 2차 전지 배터리 분야에서 자동화 공정과 협동로봇에 대한 수요가 폭발적으로 늘어나고 있다. 여전히 일본 의존도가 높은 감속기와 모터 등 핵심 부품 국산화를 더욱 강력하게 추진해야 하고, 로봇 관련 스타트업에 대한 자금 지원을 아끼지 말아야 한다.

4차 산업혁명의 시대가 도래하고 있고 서비스 산업의 비중이 높게 증가했지만, 우리나라의 경제는 여전히 제조업 기반 구조에 갇혀 있다. 따라서 이런 산업 구조를 더욱 고도화하고 4차 산업혁명의 시대적 트렌드를 선도하기 위해라도 로봇 산업에 대한 투자는 필수적이다.

OECD 국가 중 출산율 최저라는 오명을 씻기 위해서 각종 출산 장려 정책과 사회적 안전망 구축이 필요하다. 하지만 당장 노동 인구가 부족하고 산업 현장의 인력난이 심화되는 상황에서 이를 대체할 수 있는 뚜렷한 대안이 없다면 이는 곧 제조업 기반의 붕괴를 초래할 것이다.

로봇 산업 육성은 선택이 아닌 필수가 될 수밖에 없고 우리나라의 미래를 걸고 장기적인 안목으로 미리부터 준비해야 한다.

## 로봇 핵심 수혜주의 투자 전략

우리 경제에 파급 효과가 크면 클수록 주식 시장의 영향력도 커질 수밖에 없다. 특히 삼성, LG, 현대 등 주요 대기업이 모두 미래 핵심 산업으로 꼽는 만큼 로봇 관련 주에 대한 확실한 투자 전략을 세우는 것도 그만큼 중요하다.

우선 성공적인 로봇 관련 주 투자를 위해서 로봇 산업을 세분화하는 작업이 필요하다. 제조업 혁신과 스마트 팩토리 관련해서 가장 중요한 분야가 협동로봇이다.

국내에서는 두산로보틱스가 선두권이지만 비상장 회사이므로 두산로보틱스를 소유한 ㈜두산을 주목해볼 만하다. 그리고 협동로봇의 가장 핵심 부품인 감속기와 모터 등을 제조하는 유일로보틱스, 에스피지 등도 있다.

일론 머스크의 '옵티머스'처럼 휴머노이드 개발과 관련된 수혜주로는 삼성전자를 가장 대표적으로 꼽을 수 있다. 레인보우로보틱스는 휴머노이드 로봇 제조 기술을 확보한 대표적인 스몰 캡Small Capital(소형주) 종목으로 삼성전자가 2023년 1월 590억 원의 지분 투자에 참여한 바 있다.

요즘 뜨고 있는 로봇 카페, 로봇 배달 등 자율주행과 서빙로봇 관련 주 중에서는 로보티즈가 대장주다. 전 세계 수술용 로봇 시장은 2020년 67억 달러에서 연평균 12% 이상씩 성장해 2025년이면 118억 달러 규모의 시장을 형성할 것으로 예상한다. 복강경수술로봇을 개발한 고영테크놀로지와 치료재활로봇 상용화에 성공한 큐렉소 등이 대표적인 의료용 로봇 수혜주다.

# 04

# 성장주 저가 매수와
# 순환매 사이클

## 성장주의 시대는 현재 진행형

2022년은 고강도 긴축과 인플레이션 우려로 주식 시장이 큰 침체를 겪었다. 하지만 2023년은 긴축의 종료와 함께 본격적인 회복 사이클이 진행될 가능성이 크다. 물가 상승률이 둔화하고 있고 미국 연준은 기준금리 상단, 즉 최종금리Terminal-Rate로 5.1% 수준을 제시했다(2022년 12월 기준).

금리 상단이 가까워진 만큼 2023년 하반기면 미국 연준 금리 정책의 피봇도 기대할 만하다. 경기 침체에 대한 우려가 주가에 충분

[그림 3-5] 애플 주가 일봉 차트

[그림 3-5] 애플 주가 일봉 차트

[그림 3-6] 테슬라 주가 일봉 차트

[그림 3-6] 테슬라 주가 일봉 차트

히 선반영된 만큼 기업 실적 둔화 자체는 증시에 그리 큰 악재가 되지는 않을 것이라 본다.

경기 침체 구간에서 다시 금리 인하 사이클이 시작되고, 이 과정에서 독보적인 성장성을 뽐내게 될 성장주의 시대가 분명히 다시 도래할 가능성이 크다.

2022년 글로벌 경제와 주식 시장에 심각한 타격을 입힌 러시아·우크라이나전쟁 역시 정전 내지는 휴전 협정이 맺어진다면 전후 복구와 함께 현대판 마셜 플랜 등으로 공급망 왜곡이 해소되면서 오히려 세계 경제의 성장판 역할을 해줄 가능성이 크고 이는 주식 시장에도 반가운 호재가 될 것이다.

중국의 본격적인 리오프닝도 경기 침체의 깊이를 완화시킬 재료다. 중국은 제로 코로나 정책을 폐기하고 빠르게 위드 코로나 정책으로 전환하고 있다. 중국의 공장이 다시 문을 열고, 중국 국민이 다시 전 세계로 여행을 다니기 시작하면 글로벌 경기 회복의 가장 효과적인 윤활유 역할을 할 것이다.

코로나19가 전 세계로 확산하기 시작한 1차 팬데믹의 시기, 2020년 3월은 그야말로 비관과 종말의 시기였다. 1930년대 세계 대공황 때보다 더 심각한 경기 침체를 우려했고 전 세계 곳곳이 셧다운되면서 경기가 급하강했다. 일각에서는 자본주의의 종말을 얘기할 정도로 시장의 긍정론은 씨가 말랐었다.

하지만 미국 연준을 필두로 세계 각국의 유동성 완화 정책, 돈 풀기 정책이 본격화되면서 시장 경제는 빠르게 시스템을 복구했다. 그 과정에서 FAANG(페이스북, 애플, 알파벳, 넷플릭스, 구글)이라고 불리는 미국의 빅테크 기업들은 승승장구했고 주가 역시 훨훨 날았다. 세계 증시 대장주인 애플의 주가는 2020년 3월 저점 대비 2년간 3.5배 상승했고, 성장주의 대표 종목인 테슬라의 주가는 해당 기간에 15배 상승했다.

물론 코로나19 상황과 지금의 상황을 단순 비교하기는 어렵다. 단기간 내 제로 금리 시대를 다시 목격하기 어려울 뿐 아니라 각국의 공격적인 재정 정책을 기대하기는 더욱 어렵다.

하지만 침체의 위기를 극복하고 성장률을 회복하는 시기에는 가치주보다 성장주, 전통적인 제조기업보다 혁신적인 성장주, 시대의 변화와 4차 산업혁명을 주도하는 트렌드 세터 역할을 하는 성장주들이 시장 수익률 대비 훨씬 아웃퍼폼Out-Perform하게 될 게 분명하므로 우리는 지금부터 다시 성장주의 재기에 주목해야만 한다.

## 성장주 매매를 위한 실전 투자 전략

### 손절 라인 설정

성장주는 말 그대로 지금 현재의 성과보다는 미래 가능성, 기대감으로 움직이는 종목들이다. 따라서 지수의 변동성보다 개별 종목의 변동성이 더 클 수밖에 없고 철저한 위험 관리 구간 설정이 무엇보다 중요하다.

개인적인 투자 성향에 따라 달라질 수 있겠지만 적어도 트레이딩 관점의 종목 접근이라면 한 종목 손실률이 15~20%를 넘어가는 것은 피하는 게 좋다. 즉, 매수 이후 손실이 20%를 넘어간다면 이유 여하를 막론하고 일단 손절 대응을 통해 리스크를 회피하는 것이 중요하다.

단기 트레이딩 혹은 중장기 포지션 매매를 하는 과정에서도 동일한 원칙을 준수하는 것이 바람직하다. 다만, 중장기 포지션 매매를 하는 투자자라면 손절 이후 시장 상황과 재진입 타이밍을 고려해 능동적인 대응을 하는 것이 효과적이다.

### 산업 분석과 순환매 사이클 이용 전략

우선 성장주를 매매하기 위해서는 산업 트렌드를 이해하고 이를 선점하는 것이 중요하다. 앞에서 강조한 메타버스, 로봇 등의 분야가 4차 산업혁명과 새로운 산업 트렌드를 주도하는 대표 업종이다. 전기차와 배터리 산업처럼 해당 산업의 패러다임이 통째로 바뀌는 순간 그 기회를 포착하는 것도 중요하다.

'시세는 시장에게 물어보라'라는 증시 격언이 있다. 성장주와 산업 트렌드를 포착하는 가장 좋은 방법도 바로 시장에게 물어보는 것이다. 전통적인 제조업과 전통적인 산업 방식을 틀을 깨는 새로운 트렌드가 출연하면 일단 주가가 먼저 반응하게 된다. 강력한 테마가 형성되고 단기간에 2~3배 시세를 분출하는 종목들이 속출하게 된다.

2021년 메타버스 강풍과 2022년 인플레이션감축법IRA 관련 테마주들이 대표 사례가 될 수 있다. 강력한 테마가 형성되고 나면 하나의 섹터가 만들어진다. 즉, 대장주의 시세를 따라가는 후속주가 만들어지고 이는 계속 순환매하면서 관련 종목들의 상승 주기가 빨라지고, 시세는 더욱 강해진다.

대장주의 시세가 상당 기간 지속되면 기관, 외국인 등 메이저 수급이 관련 주로 유입되기 시작하고 이는 강력한 성장주 트렌드를 만들게 된다. 그 과정에서 가장 중요한 기술적 지표가 거래량이다. 메이저 수급의 유입은 개인 투자자들의 시장 진입에 확신을 주게 되고 이는 강력한 거래량을 동반한다.

성장 섹터는 항상 시장 대비 강한 거래량을 동반하기 때문에 단순한 주가의 흐름, 즉 가격의 움직임뿐 아니라 해당 섹터와 종목군에 대한 강력한 거래가 동반되는지를 철저하게 확인해야 한다.

IRA 법안이 미국 의회를 통과한 이후 미래나노텍은 리튬 관련 수혜주로 대시세를 분출했다. 거래가 갑자기 늘어나기 시작하고 기관, 외국인 등 메이저 수급의 공격적인 수급이 유입되면서 전 고점을 경신하는 신고가 랠리가 분출된 대표 사례다.

덱스터는 국내를 대표하는 VFX 기술 기업으로 특수효과 제작

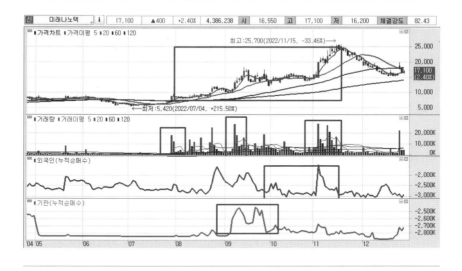

[그림 3-7] IRA 테마 사례 : 미래나노텍 일봉 차트

을 위한 스튜디오와 콘텐츠 투자 등을 영위하는 기업이다. 2022년 10월 메타버스 테마가 형성된 이후 관련 수혜주로 부각하면서 가장 먼저 박스권을 돌파하고 대량 거래가 수반된 종목이다. 어김없이 기관, 외국인의 공격적인 매수가 유입되면서 대시세가 만들어진 사례로 볼 수 있다.

섹터 내 대장주인 덱스터 대량 거래를 터트리면서 강력한 시세를 분출하자 자이언트스텝, 위지윅스튜디오 등 관련 주들이 동반 강세 흐름을 연출하면서 메타버스 테마를 형성하는 데 일조했다.

테마는 언제나 순환한다. 약세장과 강세장을 가리지 않고 순환매

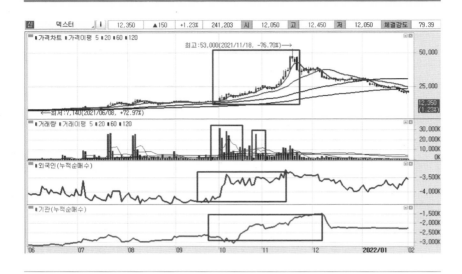

[그림 3-8] 테마 대장주 거래량 분출 : 덱스터 일봉 차트

사이클을 잘 이용하면 반드시 수익의 기회를 만들 수 있다. 보통 약
세장 이후 반등 국면에서는 낙폭 과대 업종이 1순위로 먼저 움직인
다. 2022년 가장 큰 낙폭을 기록한 반도체 소부장(소재·부품·장비)
업종과 제약·바이오 업종을 먼저 주목해야 하는 이유다.

시장에서 차지하는 비중, 즉 시가총액의 비중이 큰 업종이 지수
반등을 주도하고 순환매 장세를 주도하는 경우가 많다. 현재 시점
에서 시총 비중이 큰 업종은 반도체와 자동차, 2차 전지 배터리셀
관련 주다.

그리고 성장 섹터 종목군의 약진이 두드러지는 순환매 주기는 실

적 불확실성이 해소되는 시점이다. 당장 재무제표상으로 실적이 좋아지는 사이클이라기보다는 실적에 대한 구체적인 일정이 제시되고 가시화된 투자와 생산 능력 증대가 뒤따르는 시점이 가장 강력한 시세를 분출하는 시점이다.

그런 측면에서 메타버스와 콘텐츠 관련 종목은 2023년에서 2024년까지 폭발적인 시세를 분출할 가능성이 상당히 크다. 관련 종목 숫자가 상당히 많고 테마와 모멘텀이 끊이지 않고 반복될 수 있다는 점에서 해당 종목군의 순환매를 잘 이용하면 시장 수익률 대비 크게 상회하는 결과를 만들 수 있을 것이다.

# PART 4

# 돌파 매매 기법을 통해 찾는 주도주

노광민

# 2023년은 빅테크 터닝 포인트가 될 것이다

## 미국 CPI의 하향 추세와 점도표

우리나라 금융 시장과 부동산 시장은 미국의 CPI에 좌우된다. 미국이 자국의 물가를 잡기 위해 금리를 계속 올리면 우리나라도 외국인의 자금 이탈을 막기 위해 금리를 올릴 수밖에 없다. 2023년 시장의 상승을 기대하기 위해서는 미국 CPI가 일단 잡혀야 하며 안정화되어야 한다.

미국 CPI는 [그림 4-1]에서 알 수 있듯이 2022년 6월부터 물가는 9.1%의 고점을 찍고 12월에는 6.5%까지 하락해 연준의 금리 정

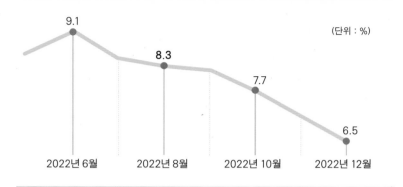

[그림 4-1] 미국 소비자 물가

(단위 : %)

9.1

8.3

7.7

6.5

2022년 6월    2022년 8월    2022년 10월    2022년 12월

* 전년 동월 대비
자료 : 미국 노동부

책 속도 조절론이 대두되고 있다. 인플레이션을 이렇게 추세적으로 완화한다면 연준도 이제 통화 긴축의 가속 페달에서 서서히 발을 떼어 2023년 하반기에는 확실하게 기준금리 인상을 중단할 가능성이 크다.

시장의 지수가 CPI에 얼마나 민감한지 [그림 4-2]를 보면 알 수 있는데 2022년 8월 CPI가 예측치보다 상승으로 나오면서 9월 나스닥지수가 한 달 내내 하락해 10% 하락했다. 10월 CPI 발표는 예측치가 하회로 나오면서 11월 나스닥지수는 일주일간 8.1% 상승했다. 한마디로 물가 상승세가 꺾여야 뉴욕 증시도 오르는 것이다.

향후 CPI 추세는 하향 추세로 진행될 수 있다. 그동안 미국 물가를 자극해온 여러 가지 가격지수가 동반 하락하고 있기 때문이다.

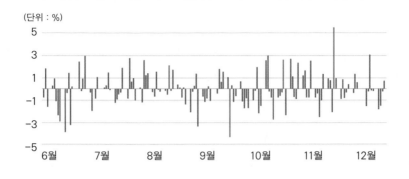

[그림 4-2] 2022년 CPI 발표 전후 S&P500지수 등락률 추이

(단위 : %)

자료 : 로이터

2022년 말 기준 서부텍사스산원유wti 가격은 80달러로 거의 연중 최저를 기록하고 있으며, 러시아의 우크라이나 침공 직후 급상승했던 천연가스 등 에너지 가격, 사료 등 곡물 가격, 알루미늄 등 원자재값이 동시에 하향 추세로 진입하고 있다. 특히 주택 가격이 하락해 월세 등 주거비도 2023년에는 하락할 가능성이 커서 앞으로 물가 상승률 둔화에 기여할 것으로 보인다.

이런 CPI의 하향 추세라면 1월 미국 FOMC 이후에는 불확실성이 점진적으로 해소될 것으로 기대한다.

단, 제롬 파월Jerome Powell 의장이 언급했듯이 서비스물가에 큰 영향을 주는 노동 시장이 여전히 매우 과열되어 있고 서비스물가 상승률은 빠르게 내려가지 않을 것이라는 전망이 있으므로 몇 개

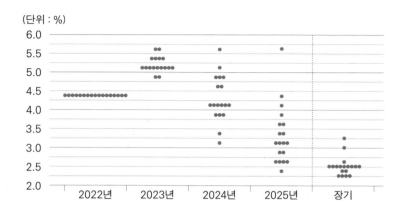

[그림 4-3] 미국 연준 금리·전망 점도표

(단위 : %)

자료 : 미국 연준

월 임금 등 서비스물가의 지표를 좀 더 확인해야 한다.

2022년 12월 FOMC 회의 이후 점도표에서는 기준금리 인상 속도를 늦추는 대신 최종금리 수준을 더 높게 제시했다. [그림 4-3]에서 알 수 있듯이 2023년 최종금리를 기존의 4.6%에서 5.1%로 상향했다.

이대로라면 2023년에도 0.5%를 올려야 하는데 올해 2월 초 연준은 0.25% 금리 인상을 한 차례 했기 때문에 이제는 3월에 한 차례 0.25%의 금리 인상만이 남아 있다. 이후에는 연준이 누적된 긴축 효과를 확인하기 위해서 기존 금리를 그대로 유지할 것이라는 예상이다.

## 연준 긴축 완화 기대 vs 미국 경기 침체 우려

이 같은 기조 속에서 지금 시장은 긍정적인 면, 부정적인 면 등 양면적 관점으로 진행되고 있다. 즉, 미국 연준의 긴축 완화에 대한 기대감과 미국 경기 침체에 대한 우려감이 엇갈리면서 시장이 방향성을 찾지 못하는 관망 횡보 장세가 계속되고 있다.

긍정적인 면은 미국 연준의 긴축 완화에 대한 기대감이다. 지금처럼 CPI의 하향 추세가 계속 이어진다면, 2023년 하반기에는 연준이 금리를 더는 올리지 않을 거라는 것이다. 오히려 하반기에 경기 침체가 길어지면 금리 인하 이야기도 나올 수 있다.

현재 미국 연준의 스탠스는 2023년에 금리 인상을 멈추더라도 5% 수준의 기준금리를 한동안 유지한다는 입장이다. 파월 의장도 직접 "천천히 금리를 올리면서 적정 수준을 조심스럽게 탐색한 뒤 높은 수준의 금리를 장기간 유지하는 방안"을 제시하고 있다.

하지만 CPI가 지금처럼 계속 낮아지면 '높은 수준의 금리'를 장기간 유지할 이유가 없어지고 당초 예상보다 기준금리 인상의 최종 수준을 낮출 것이다.

부정적인 면은 경기 침체 가능성이다. 2022년 12월 FOMC에서 파월 의장은 "연준이 금리 인상을 중단하려면 금리에 가까운 수준으로 인플레이션이 내려와야 하며 인플레이션 확신 전까지 금리 인하는 없다"라며 긴축 의지를 내비쳤다는 것이다.

따라서 금리 인상 사이클 불확실성으로 경기 침체 우려 역시 동반 증폭되고 있다. 물가 하락의 원인이 2022년 10월과 유사하게 중고차, 의류, 의료 서비스 등 수요 관련 항목이라면 물가 안정이 곧 경기 부진과 악화로 귀결될 가능성이 남아 있기 때문이다

최근 미국 대형은행 JP모건체이스와 골드만삭스, 뱅크오브아메리카의 최고경영자가 잇달아 경기 침체 가능성을 지적하고 있고, 블룸버그는 2023년 세계 경제성장률은 2.4%에 불과할 것이라고 예상한다. 이는 2009년 금융 위기를 제외하고 30년 최저 수준이다. 연준도 최근 12개월 이내 미국 경기 침체 확률을 38%로 제시했다. 통상 이 확률이 30%를 넘어서면 경기 침체가 현실화된다고 본다.

2022년 12월 발표한 미국의 고용지표가 노동 시장 과열로 시장 전망을 훨씬 상회했기 때문에 2023년에도 예상보다 공격적인 금리 인상 가능성이 제기될 수 있다.

즉, 전반적으로 물가 상승률이 정점을 찍고 둔화하는 조짐을 보이지만, 임금 상승 압력이 여전한 만큼 미국 연준의 금리 인상 속도 조절론은 암초에 부딪힐 수 있다.

하지만 미국 경제의 기초 체력, 특히 가계의 부채 현황을 좀 더 살펴보면 매우 낮은 연체율(모기지와 자동차 대출 연체율) 수준으로 가계의 양호한 재무 건전성을 보여주고 있다.

기업들의 연체율도 산업 생산 간 절대적 상관관계를 보더라도 산업 활동이 급격히 위축되지 않는 한 역시 큰 폭으로 상승하지 않을

것이다.

물가 통제 실패로 미국 연준발 과잉 긴축 리스크가 잠재해 있지만, 과거의 침체 국면과 비교해 차별화되는 가계와 기업의 낮은 연체율은 미국 경기 침체가 완만한 침체로 나타날 가능성을 시사한다. 즉, 최근 미국의 고용과 소비가 여전히 탄탄하고, 제로 코로나를 크게 완화한 중국도 2023년에 5% 정도 성장할 전망이 나오고 있으므로 이번 침체 사이클은 급격한 침체보다는 완만한 침체에 그칠 가능성이 크다.

## 빅테크의 상승 변곡점과 하반기 주가 반등에 주목

2022년 연간으로 미국 3대 지수는 2008년 이후 최악의 하락률을 작성했으며, 특히 나스닥지수는 33% 이상 급락했다. 이는 4연속 자이언트 스텝(한 번에 기준금리 0.75% 인상)을 포함해 9개월 만에 기준금리를 4% 이상 올리는 긴축과 경기 침체 우려 때문이다.

2023년 미국 증시는 상저하고의 흐름을 보일 것으로 전망한다. 상반기는 여전히 긴축을 진행해 경기 침체 리스크가 지속되겠지만, 하반기는 본격적인 정책 전환과 반도체를 비롯한 IT 업종의 실적 개선으로 지수가 반등할 것으로 예상한다.

나스닥은 연준의 통화 긴축으로부터 가장 큰 피해를 보았다. 낙

폭이 가장 큰 업종이 바로 금리에 민감한 빅테크들이었는데 이제 긴축을 완화하면 빅테크주가 가장 큰 이득을 볼 것으로 예상한다.

즉, 2023년 상반기는 금리가 높은 수준을 유지할 수밖에 없으므로 재무제표가 좋지 않은 기업들을 피해 실적에 기반한 투자를 하고 하반기에는 빅테크주들의 반등이 나올 가능성이 크니 빅테크주들을 매수하는 데 좋은 포지션이 될 것이다.

빅테크주는 장기 매출 성장세에 가장 민감하게 반응하므로 금리 불확실성이 해소될 경우 가장 큰 수혜를 볼 수 있다. 물가가 예측 가능한 시점이 되면 가치주보다는 성장주들이 먼저 움직이기 때문이다.

우리나라 지수도 미국 금리 인상 정책에 따라서 흐름을 같이할 것으로 예상한다. 2022년 12월 한미 금리 격차가 1.25%포인트로 많이 차이가 나기 때문에 2023년 상반기에는 0.5% 정도의 금융통화위원회 금리 인상도 예상되지만 역시 바닥을 확인하는 과정이 나올 것이고 하반기에는 삼성전자 등 코스피 시총 상위주들의 실적 기대로 상승 흐름을 예상한다.

특히 중국 관련 뉴스 플로우에도 주목해야 한다. 2022년 12월 시진핑의 방역 완화로 소비 회복에 대한 기대감이 있는 종목들의 상승이 두드러지고 있다.

2022년 12월 중국은 코로나19 감염자 자가격리 허용, 지역 간 이동 시 PCR 검사 음성 의무 폐지 등의 내용을 담은 방역 완화 정책을 발표하면서 정책 우선순위를 방역에서 경제로 전환했다. 이는 화장품·여행·카지노 등 리오프닝 테마주들의 새로운 상승 동력이 되고 있으니 중국발 상승 뉴스 플로우도 잘 정리해놓아야 한다.

특히 양회가 있는 3월이 중요한 시점이 될 수 있다. 중국 증시가 상승으로 돌아서려면 제로 코로나 정책을 완화하거나 폐지해야 하는데 그 변화가 2023년 양회를 기점으로 본격적으로 나타날 것으로 보이고, 경기 부양책도 그 시점에 가시화될 것이다.

종목은 중국 현지 매출이 있는 대형주와 중국 브랜드에 수주받는 제조업자개발생산ODM 종목으로 압축해 투자하는 것이 좋다.

기업별로 중국 매출 비중을 따져보면 아모레퍼시픽이 70%로 가장 높고, 애경산업 66%, LG생활건강 57%, 코스맥스 51%, 코스메카코리아 22% 등이다. 화장품 용기회사의 경우, 연우가 중국 비중이 높은 편이다.

# 2023년 사우디아라비아 사막을 더 뜨겁게 달굴 네옴시티

## 2023년 네옴시티 테마주의 2차 상승 랠리는 필연적

　네옴시티Neom City는 사우디아라비아의 북서부 홍해 인근 사막에 서울특별시의 약 44배에 달하는 도시 건설 프로젝트다. 면적이 쿠웨이트나 이스라엘보다도 넓다.

　네옴시티는 그린 수소·태양광·풍력 등 친환경 에너지 인프라를 갖추고 로봇이 물류와 보안, 가사노동 서비스를 담당하는 친환경 스마트 신도시다.

　네옴시티는 무하마드 빈 살만Mohammed bin Salman 왕세자가

| [표 4-1] 사우디아라비아 비전 2030 주요 프로젝트 | | |
|---|---|---|
| 구분 | 프로젝트 | 내용 |
| 에너지 | 친환경 담수화 플랜트 | 태양 에너지 등 신재생 에너지 활용 |
| | 태양광 모듈 생산 현지화 | 대규모 제조 공장 설립, 태양광 보급 확대 |
| 도시 | 알 울라 | 역사 · 문화 · 생태 관광지 개발 |
| | 복합 항공 구조물 공장 | 항공기 부품 직접 조달-방산 50% 국산화 |
| | 다리야 게이트 : 리야드 교외 관광지 | 2030년까지 관광객 2,700만 명 유치 |
| | 그린 리야드 : 수도 리야드의 공공 녹지 개발 | 나무 750만 그루 식재 |
| | 킹 살만 에너지 파크 : 친환경 산업 도시 | 정유 · 가스 · 화학과 수처리 인프라 제공 |
| | 킹 살만 파크 : 리야드 도심 내 생태 공원 | $16km^2$ 규모로 공원과 문화 체육 시설 포함 |
| | 네옴시티 : 북서부 홍해 인근 대규모 신도시 | 5,000억 달러 투입-2025년 1차, 2030년 완공 |
| | 키디야 프로젝트 : 엔터테인먼트 복합 단지 | 리야드 근교 사막 내 건설-서울 절반 면적 |
| | 사우디 제조(Saudi Made) | 비석유 수출 비중 제고 향상 |
| 관광 | 아마알라 : 사우디아라비아 북서부 해안 휴양지 | 럭셔리 리조트 |
| | 수다 : 산악 지역 관광지 개발 | 해발 3,000m 산악 지역 |
| | 홍해 지역 : 친환경 관광지 | 세계적 수준 리조트와 국제공항 조성 |
| 주거 | 로슨 프로젝트 | 향후 10년 내 주택 소유율 70%로 향상 |
| 헬스 케어 | 사우디아라비아 게놈 프로그램 | 유전자 지도 분석을 통한 의료 서비스 향상 |

자료 : 사우디아라비아 비전 2030, 신한투자증권

[표 4-2] 사우디아라비아 모멘텀 관련 테마

| 구분 | 내용 | 테마 |
|---|---|---|
| 네옴시티 | 네옴시티 철도 | 철도 차량, 신호 제어, 전력 인프라 |
| | 모듈러 주택 | 건설, 건자재 |
| | 스마트시티 | 통신 장비, 위성통신, 센서, 소프트 웨어 |
| | 신재생 에너지 | 태양광, 풍력, 수소, 전력 인프라 |
| 에너지 | 친환경 담수화 플랜트 | 태양광, 수처리 |
| | 그린 수소 생산과 공급 인프라 | 연료 전지, 저장과 수송 설비 |
| | 원전 2기 건설 추진 | 원전 기자재 장비 운영과 관리 |
| 콘텐츠 | PIF 투자와 콘텐츠 교류 확대 | 미디어·콘텐츠 제작, 게임 |
| 방산 | 미국 무기 수입 금지, 지정학적 노이즈 지속 | 방공 체계, 미사일, 전투기, 전차 |
| 제조업 강화 | 비석유 비중 제고를 위한 산업 다각화 | 산업 설비, 기계, 로봇 |

자료 : 신한투자증권

2017년 석유 중심의 사우디아라비아 경제를 대전환하기 위해 전격적으로 발표했다.

발표 당시 총사업비 5,000억 달러(약 650조 원)를 계획하고 있다. 세계 최대 규모 인프라 사업으로 꼽힌다.

2022년 하반기 빈 살만 사우디아라비아 왕세자의 방한 이후 네옴시티 관련 테마가 크게 상승했다.

이후 한국 기업과 사우디아라비아 기관과 기업 간 4건의 계약과 22건의 양해각서MOU를 체결했고 MOU마다 예정된 사업비가 조 단위인 것으로 전해졌다.

따라서 2023년에도 중소벤처기업부 장관의 사우디아라비아 방문, MOU의 실제 본 계약으로의 진행이 예정되어 있어 다시 한번 네옴 시티 테마주가 상승할 것으로 보인다.

1차 상승은 테마 형식으로 우후죽순 올랐지만 2차 상승부터는 옥석 가리기가 진행될 것이다.

2023년 2차 상승이 나올 종목은 1차 상승 종목 위주로 오를 것으로 기대되지만 새롭게 다시 테마주로 편입되는 종목이 분명히 나올 것이므로 주목해야 한다.

관련 수주가 본격화되는 뉴스가 나오는 종목과 중기적으로 실적을 뒷받침하는 종목으로 선별 투자해야 한다. 즉, 2차 상승 시에는 주가가 차별화되는 시장이 올 것으로 판단하며, 키포인트는 관련 프로젝트의 실현 가능성과 수익성 확보 여부다.

관련 업종으로는 그린 수소, 건설, 신재생 에너지, 모듈러 주택 등이다. 특히 그린 수소 분야는 실제 계약을 한 분야이므로 주목할 필요가 있다.

건설 부문에서는 모듈러 주택 협약을 했는데 사업 영역이 토목이나 건축으로 확대할 기회를 마련한 것이라는 판단이다. 플랜트와 수처리를 비롯한 환경 설비 분야도 업무 협약을 시작으로 실질적인 수주로 이어질지 지켜볼 필요가 있다.

# 2023년 네옴시티 투자 유망 종목 20선

### 투자 유망 대장주, 한미글로벌(053690)

네옴시티 테마가 처음 시장에 나온 때는 2022년 6월 말 희림이 상한가가 나오면서 시작되었다. 그날 한미글로벌도 상승했지만, 희림의 상한가가 더 주목을 받았다.

하지만 한 달 동안 지지부진하면서 시장에서 관심이 사라질 때 한미글로벌이 2022년 8월 말 1,606억 원의 대량 거래 대금으로 전고점을 상한가로 돌파하면서 네옴시티 테마의 상승이 본격화되었다. 즉, 희림에서 한미글로벌로 대장주를 바꾸면서 랠리가 나온 것이다. 이렇게 대장주를 교체한 후 교체된 대장주만 상승을 시키는 경우가 많으므로 주목해야 한다.

네옴시티 테마는 1등주 한미글로벌이 3개월 상승하고 269% 상승하며 독보적인 네옴시티 대장주로 등극했으니 향후 반등 시에도 당연히 가장 먼저 반등이 나올 수 있다. 지금은 2022년 11월에 고점을 찍고 2달째 하락 중이지만 2023년 상반기에 다시 전고점까지의 반등 상승을 예상한다.

### 투자 유망 후발주 19종목

이후 후발주가 많이 나오면서 투자자들을 열광케 했는데 한미글로벌, 유신, 희림을 제외하고는 큰 상승의 랠리는 나오지 않았지만,

단기 매매로는 아주 적합한 종목이었으므로 향후 2차 상승 시에 관심을 가져보자.

(1) **유신, 희림** : 한미글로벌 다음으로 움직인 2, 3등주였다. 유신은 철도주, 희림은 정치 테마주로 한번 엮었던 종목이라서 한미글로벌만큼의 큰 상승은 나오지 않았지만 끼는 다분히 있으니 주목해야 한다.

(2) **성신양회** : 시멘트·레미콘 테마가 상승하는 상황에서 시멘트 업계 최초로 네옴시티 사업 참여를 준비한다는 소식 등에 급등했다. 다른 시멘트주는 변동이 거의 없어 독자적으로 1차 상승이 나온 종목이다.

(3) **코오롱글로벌, 도화엔지니어링, 다스코** : 2022년 국토교통부가 사우디아라비아 네옴시티 관련 수주지원단 파견 소식 등에 급등했다. 도화엔지니어링과 다스코는 우크라이나 재건 테마주로 한 차례 상승이 나온 종목이고, 코오롱글로벌은 순수하게(?) 네옴시티로만 엮었기 때문에 좀 더 큰 상승이 나왔다.

(4) **부산산업, 대아티아이** : 사우디아라비아 투자부MISA·철도청SRO과 철도 차량 제조 공장을 설립하는 내용의 MOU를 맺고, SRO에서 추진하는 2조 5,000억 원 규모의 고속철 구매 사업 협력에 나선다고 전해지면서 철도 테마주들인 대아티아이와 부산산업이 상승했다. 사우디아라비아 고속철 사업을 따낸다면 한국 고속철의 첫 수출 사례가 된다고 알려져 있다.

(5) **세아특수강, 세아베스틸지주** : 계열사 세아창원특수강이 아람코와 스테인리스 무계목강관 생산 공장 합작사 설립 이력이 부각하면서 상승했다. 초반에 일찌감치 세력들에게 낙점이 된 종목이었으나 기대만큼 큰 상승은 나오지 않았다.

(6) **대한전선** : 사우디아라비아 투자부 칼리드 알 팔리Khalid Al-Falih 장관을 만나 현지 투자와 사업 추진을 논의했다는 소식에 상승했다.

(7) **평화홀딩스, 평화산업, 제이엔케이히터, 동아화성** : 사우디아라비아 국부펀드인 퍼블릭인베스트먼트펀드PIF와 네옴시티 관련 그린 수소 플랜트 건설 추진 프로젝트 MOU를 체결할 예정이라는 소식이 전해지면서 상승했다. 옛날 수소 테마주로 한번 큰 상승이 나왔으므로 단발마 상승이 나왔다.

(8) **희림, 까뮤이앤씨, 기산텔레콤, 한국종합기술** : 킹 살만 국제공항 관련 종목이다. PIF는 2030년까지 수도 리야드에 '킹 살만 국제공항'을 건설할 계획을 발표하면서 관련 주들이 상승했다.

# 03

# 2023년 휴먼 로봇이 지구를 초토화시킨다

## 2023년은 결국 로봇, AI가 대세 테마

국제로봇연맹IFR의 발표 자료를 인용하면, 2022년 산업용 로봇은 31%, 전문 서비스 로봇은 37%, 개인 서비스 로봇은 9% 성장했다고 밝혔다. 2016년부터 2021년까지 연평균 성장률은 11%를 기록했다.

산업용 로봇 시장은 2025년까지 연평균 7.5% 성장할 것으로 보인다. 특히 새로운 응용처를 제공하는 인공지능 등 인접 기술이 진화하고 인간과 협업하는 협동로봇이 사용 편의성 등을 바탕으로 적용

범위를 확대하고 있다.

글로벌 투자은행IB 골드만삭스가 휴머노이드(인간형) 로봇 시장이 향후 가파르게 성장해 10년 뒤에는 60억 달러(약 8조 5,160억 원) 규모의 거대 시장이 될 것으로 전망했다. 국내 시장도 인구 감소 등 구조적 환경이 로봇 산업의 성장을 더욱 가속화할 것이다.

| [표 4-3] 골드만삭스가 꼽은 휴머노이드 로봇 수혜주 | |
|---|---|
| 분야 | 종목(티커) |
| 휴머노이드 로봇 완성체 | • 테슬라(TSLA) |
| 카메라·라이다·초음파 센서 등 구성 부품 | • 앱티브PLC(APTV)<br>• 마그나인터내셔널(MGA)<br>• 이노비즈테크놀로지스(INVZ) |
| 자이로스코프·관성측정장치(IMU) 등 구성 부품 | • 레이테온테크놀로지스(RTX)<br>• 허니웰인터내셔널(HON) |

자료 : 골드만삭스, CNBC

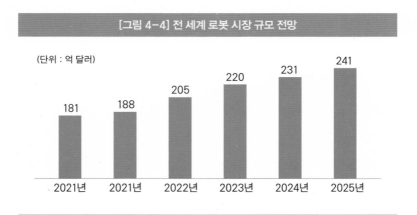

[그림 4-4] 전 세계 로봇 시장 규모 전망

(단위 : 억 달러)

| 2021년 | 2021년 | 2022년 | 2023년 | 2024년 | 2025년 |
|---|---|---|---|---|---|
| 181 | 188 | 205 | 220 | 231 | 241 |

자료 : 국제로봇연맹, KB증권

따라서 지금부터 차별적 강점을 확보한 관련 업체들에 관심을 둬야 한다. 그동안 로봇주들은 흑자가 나오지 않는다는 이유로 많은 투자자에게 외면을 받아 크게 상승하지 못했는데, 2022년 1월 대기업들이 로봇 기업과 파트너십을 체결하면서 로봇 사업에 뛰어들겠다는 신호를 보내면서 로봇 관련 주들이 크게 올랐다.

그리고 1년 동안 가격과 기간 조정을 받고 2022년 말 현재 하방 경직성을 가지고 저점을 다시 지지받는 상황이다. 성장성과 가격 메리트가 있는 섹터이므로 2023년은 로봇주들의 2차 상승을 예상한다.

## 2023년 로봇, AI 투자 유망 종목 Top 2

### 투자 유망 종목 ① 에스비비테크(389500)

2022년 10월 17일 신규 상장된 종목으로 센싱·제어·구동 같은 로봇을 구성하는 핵심 부품 중 구동에 속하는 감속기를 생산하는 국내 대표 기업이다. 감속기는 로봇의 핵심 부품으로 로봇 제조 원가 가운데 가장 큰 비중을 차지한다.

원래는 반도체와 디스플레이 진공 로봇에 들어가는 초박형 베어링이 주된 매출 제품이며, 2022년까지 대부분의 매출이 기존 주력 사업인 베어링 사업에서 발생했다. 하지만 2022년 상반기에 감속기

## [표 4-4] 에스비비테크의 향후 실적 예상

| (단위 : 십억 원) | 2021 | 2022E | 2023F | 2024F |
|---|---|---|---|---|
| 매출액 | 6.8 | 10.9 | 23.2 | 43.0 |
| 영업이익<br>　영업이익률(%) | -2.2<br>-32.9 | -1.1<br>-9.8 | 2.4<br>10.3 | 9.8<br>22.8 |
| EBITDA | -1.4 | -0.1 | 3.4 | 10.8 |
| 순이익<br>　지배지분 순이익 | -2.8<br>-2.8 | -1.1<br>-1.1 | 1.4<br>1.4 | 7.1<br>7.1 |
| EPS(원)<br>PER(배) | -811<br>N/A | -208<br>N/A | 228<br>108.7 | 1,151<br>21.5 |
| PBR(배) | 0.0 | 27.6 | 22.0 | 10.9 |
| ROE(%) | -67.3 | -17.4 | 22.5 | 67.7 |
| Net Debt(-Cash) | 2.5 | 3.7 | 2.2 | -4.9 |
| 현재가(11/11, 원)<br>시가총액(십억 원) | 24,750<br>147.1 | 외국인 지분율<br>배당수익률(2022E) | | 0.1%<br>0.00% |

*EPS, PER, PBR, ROE는 지배지분 기준
자료 : NH투자증권 리서치본부

## [그림 4-5] 에스비비테크 전망

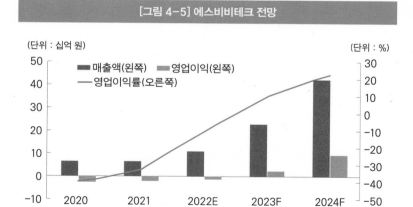

자료 : 에스비비테크 증권신고서 가이던스, NH투자증권 리서치본부

매출 비중이 26%까지 상승하면서 2023년부터 본격적으로 하모니 방식 감속기 매출이 발생할 것으로 보인다.

즉, 국산 베어링에서 정밀 로봇 감속기로 확장하는 핵심 소재 기업으로 베어링 사업이 안정적인 매출을 유지하는 가운데, 로봇 자동화에 들어가는 감속기 양산 대응과 CAPA 증설로 실적이 빠르게 성장할 것으로 기대하는 종목이다.

에스비비테크의 감속기는 치형 설계가 가능하다는 점에서 치수별 제품이 다양하고 커스터마이징이 용이하다는 장점을 보유했다. 경쟁사 내 납기 기간이 짧다는 점에서 경쟁력을 갖추고 있으며 에스비비테크의 2023년 매출액과 영업이익은 232억 원(전년 동기 대비 113% 증가)과 24억 원(흑자 전환)으로 실적 성장이 예상된다.

### 투자 유망 종목 ② 레인보우로보틱스(277810)

국내 최초의 인간형 이족 보행 로봇인 '휴보Hubo'를 개발한 로봇 개발 플랫폼 전문 벤처기업이다. 최근에는 협동로봇, 자율 이동 로봇, 의료용 로봇, 4족 보행 로봇 등으로 라인 업을 확대 중이다.

레인보우로보틱스는 외부에서 부품을 들여와 조립한 다음 제품을 공급하는 업체들과는 달리 핵심 부품과 요소 기술을 내재화해 직접 로봇을 개발하고 있다. 덕분에 로봇 제조 원가를 혁신적으로 낮춘 협동로봇 등 고부가가치의 제품을 다양하게 선보이고 있다.

협동로봇은 인간과 로봇이 같은 공간에서 함께 작업하는 협동

[그림 4-6] 협동로봇 시장 추이와 전망

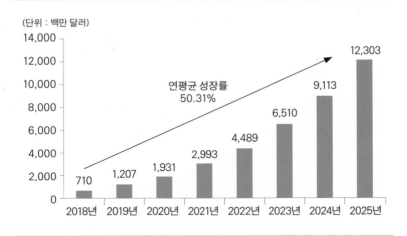

(단위 : 백만 달러)

연평균 성장률
50.31%

710  1,207  1,931  2,993  4,489  6,510  9,113  12,303

2018년 2019년 2020년 2021년 2022년 2023년 2024년 2025년

자료 : 국제로봇연맹, NH투자증권 리서치본부

[그림 4-7] 협동로봇 주요 부품 내재화

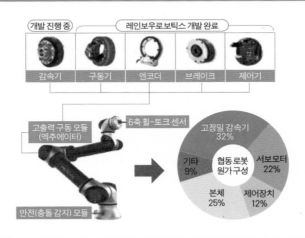

개발 진행 중    레인보우로보틱스 개발 완료

감속기  구동기  엔코더  브레이크  제어기

고출력 구동 모듈
(엑추에이터)

6축 휠-토크 센서

안전(충돌 감지) 모듈

협동 로봇
원가구성

고정밀 감속기
32%

서보모터
22%

제어장치
12%

본체
25%

기타
9%

자료 : 국제로봇연맹, NH투자증권 리서치본부

운용의 조건을 충족하는 산업용 로봇이다. 2023년부터 북미와 유럽 시장에 유통망을 구축해 가격 경쟁력을 앞세운 협동로봇 수출에 주력할 계획이다.

그래서 레인보우로보틱스는 현재 3개인 협동로봇 라인 업을 연내 5개로 확대하고, 2025년까지 용접·도색·식음료F&B 등 용도별 9개 모델로 사업 포트폴리오를 다각화한다는 경영 방침을 세웠다.

2023년은 해외 수출을 통한 고성장과 북미·유럽 지역을 중심으로 협동로봇 판매량을 확대할 계획이다. 특히 2022년 3분기까지 누적 기준 매출 104억 원을 기록해 창립 이래 최고 실적을 달성했다. 영업이익 역시 11.9억 원으로 4분기 연속 흑자 행진을 이어가고 있다. 2023년 예상 실적은 매출액 225억 원(전년 동시 대비 +56.3%), 영업이익 33억 원(전년 동기 대비 +94.1%)으로 고성장세를 예상한다.

1월 3일 공시에 따르면, 레인보우로보틱스는 삼성전자를 대상으로 590억 원 규모의 제3자 배정 유상증자를 추진했다. 이로써 삼성전자는 지분율 10.3%를 확보한 레인보우로보틱스의 2대 주주로 올라서게 된다.

# 04

# 돌파 매매 기법으로
# 대박의 꿈을 실현하자

돌파 매매 기법에는 크게 3가지가 있다. 섹터 매매와 N자 패턴 매매, 눌림목 매매로 구성되는데 하나씩 살펴보도록 하자.

## 섹터 매매 : 통찰력 있는 섹터 감각은 성공의 필요 충분 조건

섹터 매매는 한마디로 '핵심 섹터(테마)'의 '주도주'를 '적절한 매수 타이밍'에서 매수하는 기법이다.

주식 매매는 '핵심 섹터(테마)'를 어떻게 정확하게 잡느냐 하는 일종의 섹터 감각이 필요하다. 즉, 테마의 선택이 가장 중요하다. 차트와 기본적 분석보다 더 중요하다. 핵심 섹터는 차트도 뚫고 실적도 무시(?)하기 때문이다.

우리는 시장의 모든 종목을 다 매수할 수 없으므로 핵심 섹터만 매수해야 하는데, 핵심 섹터만 매수하면 수익은 절로 따라온다. 그렇다면 바닥에서 종목이 올라올 때 그 종목이 핵심 섹터가 될 것인지 안 될 것인지 어떻게 판단해야 하는가.

## 주식 매매는 결국 섹터를 결정하는 것

(1) 재료의 연속성과 재료의 일정이 남아 있어야 있다. 재료의 연속성이란 그 섹터에 관한 뉴스가 계속 나오면서 시장의 이슈가 된다는 것을 의미한다.

정부 정책주는 연속성이 있다. 예를 들어 2차 전지, 원전, 풍력, 태양광, 방산, 수소, 대북주 등이 지난 시절의 화려한 정부 정책주였다. 2021년 12월 삼성, 현대, SK 등 대기업이 로봇에 연관된 사업을 준비하고 있다는 뉴스가 연일 나오고 한 달 이상 재료의 연속성을 가지면서 로봇 섹터가 급등한 사례가 있다.

그리고 재료가 소멸하지 않고 일정이 남아 있어야 핵심 섹터로 성장한다. 예를 들어 네옴시티 테마들이 사우디아라비아 빈 살만 왕세자 방한 전에는 일정이 남아 있으니 기대감으로 올라왔지만 빈 살만 방한 이후에는 재료 소멸로 하락하는 것을 알 수 있다.

재료가 연속적으로 나오면서 뉴스가 계속 이어질지는 풍부한 섹터 경험으로 판단할 수밖에 없으므로 꾸준하게 재료를 해석하고 정리해야 한다.

(2) 서프라이즈 재료가 있다. 시장의 중요한 의미가 있고 의외의 서프라이즈 재료가 나왔을 때 핵심 섹터로 부상한다. 세력들은 최초의 재료를 좋아하며 신선한 섹터를 좋아한다. 실적도 그냥 단순한 실적 호전이 아니고 사상 최대 실적이라는 수식어가 붙으면 더 큰 상승이 나오듯이 재료도 마찬가지다.

예를 들어 2020년 3월 코로나19 테마(마스크, 백신, 진단 테마)를 보면 알 수 있다. 국내외 코로나19 환자가 최초로 발생하고 확진자 수가 늘어나자 대세 핵심 테마가 되었다.

특히 국내 최초라는 수식어가 붙은 서프라이즈 재료이면 더 좋다. 예를 들어 영화 〈기생충〉이 아카데미 작품상을 국내 최초로 수상하고 나서 〈기생충〉 테마주들이 급등했다.

(3) 압도적인 강한 수급이 있다. 핵심 테마는 무엇보다 다른 재료를 압도할 수 있는 강한 수급이 나와야 한다. 즉, 총 섹터의 거래 대금이 압도적이면 핵심 테마로 부상한다. 2022년 메타버스 섹터, 곡물 사료 섹터, 원전 섹터들은 총 거래 대금이 1조 원에 가까운 초대형 섹터들이었다.

수급이 강하게 붙어 있지 않은 상태로 오르는 개별 종목은 포트에서 걸러내자. 조막손들이 움직이는 작은 개별 종목까지 이것저것 하다 보면 포트 종목 숫자가 자기도 모르게 30개 이상이 된다. 수급이 확실한 것만 하자. 확실한 것만 해도 종목은 차고 넘친다.

(4) 핵심 섹터의 상승 기간을 확인하자. 일반적으로 상투나 고점에서 물리거나, '내가 사면 내려간다'라고 개인 투자자들은 말하곤 한다. 그건 핵심 테마의 상승 기간을 파악하지 못하고 욕심을 내서 그렇다. 욕심을 버리면 세상이 편하고 스트레스가 없고 종목이 잘 보이며 함부로 상투에 들어가서 물리지 않는다.

시장이 좋지 않으면 상승 기간은 아주 짧다. 핵심 테마가 꾸준히 상승하더라도 3개월 이상 올라가면 아무리 핵심 테마라도 매수하지 않는 게 좋다.

물론 실적주는 다르다. 단기 핵심 테마는 한 달 만에 크게 급등하고 내려가는 경우가 많고(유가 테마, 전쟁 테마), 중기 핵심 테마(대북 테마)도 3~4개월 상승하지만, 영원히 오를 테마는 없으며 일정 기간이 지나면 세력과 시장의 관심이 떨어지면서 아무리 좋은 뉴스가 나와도 올라가지 않는다. 아니 오히려 뉴스가 나오면 차익 실현 기회로 이용해 하락하는 일도 아주 잦다.

따라서 뉴스에 더는 반응하지 않을 때 그 테마의 종목들은 상승 한계점이 왔으므로 욕심을 버리고 매도하는 게 좋다. 그게 속 편하다. 끝까지 수익 극대화를 하고 싶으면 익절선은 20일선을 잡고 매매하는 것도 좋은 방법이다.

군이 하고 싶다면 오히려 핵심 테마 주도주들은 보통 3개월 정도 동안 −30∼−40% 하락하면 다시 오르므로 빠지기를 기다렸다가 매수하는 게 좋다!

### '핵심 섹터'를 결정했으면 이젠 주도주를 선정하자

(1) 어떤 테마주이든 '1등주(주도주)'는 존재하며 우리는 그 핵심 테마의 1등주를 잡아내는 도전을 부지런히 해야 한다.

다 올라간 1등주는 아무 필요 없다. 상승 초입에서 1등주를 잡아야 큰 수익이 난다. 그런데 상승 초입에서 1등주를 어떻게 알고 매수할 수 있는가.

주도주는 당연히 테마 시세 초입에 나온다. 테마를 시작한 다음 한 달 후에 주도주가 나오는 일은 거의 없다. 그래서 그 테마를 시작하는 초입에 어떤 종목이 올라가는지 잘 살펴봐야 하며, 똑같은 섹터라도 상승 시기에 따라 세력들이 선택하는 종목들이 다르므로 유연하게 생각해야 한다. 옛날에 주도주였다고 지금도 대장주가 되는 것은 아니다.

결국 '주도주'란 그 핵심 테마 중에서 가장 많이 올라간 종목을 말하는데 그것을 바닥에서 판단할 때는 거래 대금, 상승률, 실적, 핵심 뉴스와 깊은 상관관계 등으로 판단해야 한다. 이것도 풍부한 섹터 매매에 관한 경험으로 판단할 수밖에 없다.

일단 첫날이나 둘째 날 동시에 올라온 종목 중 Top 5 안에 주도

주가 나온다. 간혹 오히려 그다음 날 신규로 상승한 종목이 주도주가 될 수도 있다.

(2) 주도주가 고점에서 더는 올라가지 못하고 횡보할 때 그 테마의 수명은 이제 다한다. 이때 '후발주'가 툭툭 나온다. 후발주 매매는 일종의 두더지 잡기 매매다. 두더지들이 머리를 내밀어야 우리는 두더지를 잡을 수 있다. 우리는 후발주들이 머리를 내밀 때 그 후발주를 매수하면 된다.

후발주도 어떤 종목이 상승할지 모른다. 후발주는 전적으로 세력들의 마음이다. 하지만 후발주는 움직이면 순발력 있는 개인들이 바로 매수할 수 있다. 그 테마의 주도주가 한번 올라가는 걸 봤기

[그림 4-8] 휴림로봇

때문이다.

후발주는 상승 기간이 짧지만, 간혹 강력한 급등이 나오므로 개인 투자자들은 주도주보다 이 후발주를 많이 매매한다. 아니 주도주를 바닥에서 매수하지 못해 후발주를 매수하게 된다.

주도주는 너무 많이 올라 겁나서 매수하지 못하고 만만한(?) 후발주를 매수하는 것이다. 즉, 후발주 매수는 두더지 잡기처럼 올라오는 종목을 확인하고 매수해도 늦지 않다. 이 종목은 안 갔으니 매수해야지 하는 매매는 성공할 수 있지만, 성공할 확률이 낮다.

저점을 잡으려 하지 말고, 저점을 확인하고 매수하자. 후발주는 몸통만 먹어도 충분하다. [그림 4-8]은 로봇 후발주였던 휴림로봇(090710)이다. 휴림로봇은 2022년 3월 22일 돌파를 해서 한 달 반만에 257%가 상승한 종목이다.

### 핵심 섹터와 주도주를 정했으면 '매수 타이밍'을 잡자

보통 1차 상승이 나올 때 매수를 하면 되는데 개인 투자자들은 잘 잡지를 못한다. 그렇다면 주도주의 1차 상승을 놓쳤을 때 주도주 1차 눌림목에서 매수하면 된다. 후발주 매매보다는 주도주 눌림목 매매가 더 큰 수익이 난다.

핵심 섹터의 주도주는 눌림목 조정 구간의 변동 폭이 크지 않기 때문에 눌림목 저점은 거의 일정하다. 즉, 주도주의 1차 눌림목 자리는 매수 급소이며 하방 경직성을 가지고 있으므로 상당히 알기

쉽고 안정적이다.

단기적인 글로벌 악재로 지수가 급락으로 시작될 때 핵심 테마의 주도주 역시 시가가 크게 하락하는데 이때 보통 매수 찬스가 온다. 난이도는 높지만, 적중했을 때 큰 수익이 난다.

특히 이동 평균선으로 봤을 때, 장기 이동 평균선인 240선이 주가보다 밑에 있으면 큰 시세가 나는 경우가 많다. 거꾸로 240일선이 주가보다 위에 있으면 대부분 240일선이 저항선이 되어 내려간다.

## 핵심 섹터만 매매해라

(1) 핵심 테마만 해야 하는 이유는 무엇인가.

매매의 성공 확률을 높이기 위해서 반드시 핵심 테마만 매수하자. 재료가 연속성이 있고 일정이 살아 있으며 압도적인 수급이 들어올 때 핵심 테마가 되므로 그 부분만 잘 분석하면 된다. 운이 좀 따라줘야 하고 시장의 상승장이라는 때를 잘 맞춰야 한다.

핵심 테마의 종목들은 눌림목 매매를 하면 웬만하면(!) 물리지 않는다. 즉 핵심 테마는 다시 올라온다. 이게 개인 투자자들이 핵심 테마만 매매해야 하는 이유다.

(2) 핵심 테마의 매집 기간을 즐기자.

핵심 테마 종목들은 하락하더라도 1~2주 후에 다시 그 비슷한 뉴스가 나오면서 상승한다. 그러므로 1~2주 동안 하락 횡보 기간이 나오는데 그 기간이 매집 기간이 된다. 하락률도 아주 일정해 거래량이 붙은 이후 고점 대비 하락률은 거의 하방 경직성을 보여주고 있어 대단히 안정적인 매매가 될 수 있다.

핵심 테마의 종목들은 세력들의 거래 대금이 들어왔기 때문에 세력들은 함부로(!) 하락시키지 않고 일정한 하락률을 보인 후 다시 올라가게 되는 것이다. 즉, 거래량이 붙으면서 매집을 한 이후 세력들은 매집 기간인 1~2주를 거친 후 다시 상승시킨다.

(3) 여유와 인내심은 주식 매매의 필요조건이다.

여유 있는 마인드가 절대적으로 필요하다. 우리는 호가를 올리는 세력이 아니므로 언제 어디서 다시 급등이 나올지 알 수 없다. 하지만 지나간 차트를 보고 대강의 범위는 지정할 수 있다. 그 범위를 넘더라도 조급하거나 서두르지 말고 기다려야 한다. 만약 세력들이 거래 없이 쉬고 있을 때는 같이 쉬면 된다.

우리 개인들은 한 호가도 올리기 힘들다. 만약 올리면 그대로 두드려 맞는다. 세력들은 여러분의 인내를 항상 시험하고 세력들은 그 시험에 통과한 자들만 수익을 준다!

마음을 졸이지 말고 느긋하게 기다려라. 다시 그들은 돌아온다! 그 핵심 테마의 주도주는 다시 하락하더라도 시장의 대기 수요가 탄탄하고 재료가 여전히 살아 있으므로 다시 올라가게 된다.

한 달에 핵심 테마 2~3개만 적중하면 그달 수익은 충분하다! 기다리면 핵심 테마는 부상한다. 그러니 서두르지 말자.

(4) 빅 테마의 출현을 기다린다.

결국에 섹터 매매는 핵심 신규 섹터의 주도주를 매매하는 것인데 바닥에서 상승한다고 무조건 핵심 테마가 되는 것이 아니다.

빅 테마는 의미 있게 연속성을 가지고 거래량을 붙인 테마다. 우르르 가더라도 연속성 있는 뉴스가 나오면서 한 달 이상 홀딩하면 큰 상승이 나올 건지 아니면 1박 2일 코스로 짧게 올랐다가 바로 하락할지 그 판단이 중요하다. 이 판단을 잘하려면 정말 압도적인 확신을 가지는 빅 테마가 나올 때까지 기다리는 게 좋다.

너무 자잘한 테마까지 신경 쓰면 쓸데없이 종목만 많아지고, 바닥에서 올라가는 종목을 다 사고 싶어진다. 결국에는 종목만 많아지고 대체 내가 무엇을 하는 것인지가 되고 계좌 관리가 어려워지고 많다.

(5) 신선한 테마를 하는 것이 좋다.

이미 시세가 나온 테마는 하지 않는다. 물론 더 올라갈 수도 있지만, 왠지 또 상투에 들어가는 게 아닌가 하는 부담이 있다.

시세가 터진 테마는 가급적 반 토막이 나기 전까지는 쳐다보지 않는 게 좋다. 어설프게 들어갔다가 본전도 찾지 못한다. 시세가 나온 테마는 적중해도 많은 수익이 나지 않는다. 개인들 손이 덜 탄 때 묻지 않은 잘 모르는 종목이 더 많이 간다.

(6) 부지런하게 섹터 감각을 기르자!

주식의 손익은 이 핵심 테마의 판단 감각, 재료 감각이 누가 더 살아 있느냐에 달렸다. 이는 수년, 수십 년간에 걸친 매매 경험에서 나오므로 부지런히 핵심 테마 종목들을 정리하고 공부하자.

아무도 관심을 가지지 않는 거래 대금이 없는 종목들은 재료가 없으므로 신경 쓸 필요가 없다. 일정을 살피고 재료를 예상하고 매집할 수도 있다. 흔히 일정 매매라고 한다. 그렇게 매매해도 된다! 그런데 재료는 당일 나왔는데 기대만큼 오르지 않는 경우도 많다. 일정을 보고 한두 종목은 예측해서 맞힐 수 있지만, 매번 또는 매일 맞힐 수는 없다.

(7) 소박의 누적이 결국 대박이 된다.

대박 1종목으로 승부를 걸지 말고 꾸준하게 수익을 내는 매매가 중요하다. 소박(꾸준한 수익)에서 대박이 나온다. 뜬금없이 대박이 나오는 것이 아니다. '소박'이 누적되면 '대박'이 되는 것이다.

꾸준한 수익을 내는 매매 기법과 이것의 강력한 실천이 주식 매매의 필승 요건이다.


## N자 패턴 돌파 매매 : 단숨에 빠르고 강력해서 놀랍다

N자 패턴 돌파 매매는 흔히 말하는 박스권 돌파와 비슷한 매매다. 이 매매는 돌파하는 순간 빠르고 강력해서 크게 상승이 나오는 경우가 많다.

기본 조건은 4가지다. 첫째, 역시나 섹터가 맞아야 한다. 개별 종

목 돌파는 시장이 상승장이어야 한다. 둘째, 최근 6개월 차트에서
1차 상승률이 100%대 정도로 올라간 종목이 좋다. 셋째, 박스권
기간이 길면 길수록 상승이 큰 경우가 많다. 넷째, 박스권을 뚫고
20선까지 하락한 후 다시 올라가는 케이스가 많다.

### 투자 유망 종목 ① 금양(001570)

금양은 전형적인 세력 돌파 패턴으로 단기간 내에 급등이 나온
종목이다. 원래 합성수지·고무 등 고분자 재료에 첨가되는 화공 약
품인 발포제를 생산하는 회사다.

2022년에 나온 뉴스는 호실적 전망과 2023년의 구조적 성장 기대

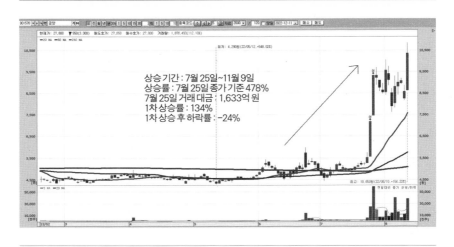

[그림 4-9] 금양

상승기간 : 7월 25일~11월 9일
상승률 : 7월 25일 종가 기준 478%
7월 25일 거래 대금 : 1,633억 원
1차 상승률 : 134%
1차 상승 후 하락률 : -24%

감이라는 일반적인 것이었다. 하지만 2차 전지, 소재(리튬, 티타늄)·수소 사업 등 다양한 신사업 뉴스가 꾸준히 나오면서 올라갔다.

금양은 3개월 반이나 상승했으며 7월 25일 종가 기준 상승률은 478%였다. 7월 25일 상한가일 때 거래 대금은 1,600억 원 이상 나오면서 압도적인 수급이 나온 종목이다. 일단 150%대의 1차 상승이 나온 후 −20%대의 조정이 나오고 3주 만에 다시 앞전 고점을 돌파한 케이스다.

3주에서 1달 만에 이런 식으로 올라가는 패턴은 대형 A급 섹터에 잘 나오는데, 문제는 이런 자리에서 돌파하지 못하고 실패하는 것도 많으니 조심해야 한다.

### 투자 유망 종목 ② 한신기계(011700)

2022년 2월 28일 문재인 대통령의 원전 정책 전환 발언에 원전주들이 강세가 나오면서 한신기계가 대장주로 돌파를 시도하는 모습이다.

역시 이날도 원전주들이 동시에 거래량이 붙은 날이다. 8개월간 박스권을 형성한 후 돌파를 하니 단기간에 큰 시세가 났다.

[그림 4−10]을 보면 익일 바로 상한가가 갔다. 공기압축기 전문 제조업체인데 원자력 발전소용 공기압축기를 국내 주요 원전에 공급하므로 원전 테마주로 편입되면서 시세가 터진 종목이다.

한신기계는 240일선을 아래에 깔고 거래 대금이 2월 28일에 터지

[그림 4-10] 한신기계

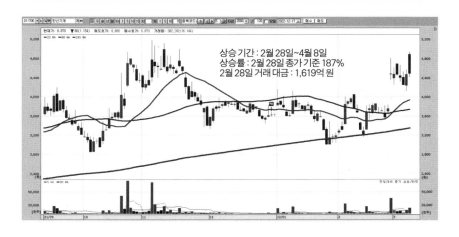

상승 기간 : 2월 28일~4월 8일
상승률 : 2월 28일 종가 기준 187%
2월 28일 거래 대금 : 1,619억 원

면서 돌파하고 거의 한 달 만에 187% 상승한 종목이 되었다. 240일 선을 차트상에서 밑에서 깔고 돌파하는 정배열 모습이다.

## 눌림목 돌파 매매 : 편하고 안정적인 매매이면서 단기간 고수익 매매 기법

상승 초입에서는 확신이 들지 않기 때문에 매수를 하지 못하는 개인 투자자들이 많다. 따라서 이 눌림목 매매는 1차 상승이 이미 나온 종목을 확인하고 1차 눌림목에서 매수하는 매매다.

이 기법은 2가지가 있는데 급등 눌림목 매매와 일반적인 눌림목 매매가 있다. 특히 급등 눌림목 매매는 단기간에 고수익이 나는 경우가 많아서 실전에서도 인기가 많고, 핵심 섹터의 1등주는 상승 초기에 거의 이런 패턴을 가지고 큰 상승이 나오니 반드시 알아야 하는 매매 기법이다.

급등 눌림목 매매는 1차 상승이 단기간에 크게 나오는 종목을 1차 눌림목에서 매매하는 것이다. 주도 섹터의 1등주 눌림목 매매는 실전 매매 최고의 매수 찬스다. 변동성이 크지만 하방경직성도 가지고 있는 종목만 매매하면 오히려 안정적으로 단기간에 큰 수익이 날 수 있는 매매 기법이다.

[그림 4-11] 노광민 매니저 2023년 1월 〈생쇼〉 수익률

**1위**

**노광민** 매니저

**1월 목표가 달성**
**누적 수익률 +228.2%**

수익률 TOP 5 종목

| 종목 | 목표 수익률(%) | 최고 수익률(%) |
|---|---|---|
| 오픈엣지테크놀로지 | 32.4 | 119.2 |
| 뉴로메카 | 23.8 | 73.0 |
| 코콤 | 22.9 | 48.7 |
| KTcs | 22.3 | 92.1 |
| 케이옥션 | 19.8 | 27.1 |

1월 31일 종가 기준

자료 : 〈생쇼〉 2023년 2월 2일

## 투자 유망 종목 ① 일동홀딩스(000230)

2022년 3월 28일 일동홀딩스의 주요 계열사인 일동제약이 일본 시오노기제약과 먹는 코로나19 치료제 후보 물질 S-217622를 개발하고 있다는 소식에 상한가를 가면서 상승하며 시세 초입의 신호가 나왔다. 이 치료제 개발 건으로 뉴스를 연속적으로 띄우면서 한 달 만에 200% 상승했다.

모더나와 화이자가 치료제를 개발한 이후로 다른 코로나19 치료제 종목은 주가가 지지부진했지만, 이 종목만 대급등이 나왔다.

먼저 1차 상승을 3일 만에 135% 하고 1차 눌림목을 -22% 다시 돌파해 초급등이 나왔다. 급등 눌림목 매매는 이격도가 엄청나게

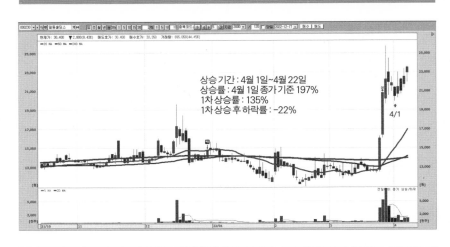

[그림 4-12] 일동홀딩스

벌어진 상황에서도 돌파가 나오는 패턴이기 때문에 까다로운 단기간에 급등이 나오는 장점이 있다.

### 투자 유망 종목 ② F&F홀딩스(007700)

2022년 11월 18일 F&F홀딩스는 자회사 F&F의 브랜드 MLB가 중국 등 해외 시장에서 2023년 소비자 판매액 1조 2,000억 원을 넘을 전망이라는 소식 때문에 상한가 급등이 나왔다. 상한가가 다음 날 다시 상승한 후 5일 동안 하락 눌림목(−18%)을 주다가 이후 한 달 동안 66% 상승했다.

[그림 4-13] F&F홀딩스

# PART 5

# 트렌드와 사이클,
# 변화의 파도에 올라타라

정석일

# 01

# 2023년, 미국 연준을
# 더는 믿지 마라

## 미국 연준 때문에 일희일비하기 좋은 환경

2022년은 빠른 속도의 금리 인상으로 인해 미국 연준 위원들의 발언에 매우 집중한 한 해였다.

하지만 2023년에도 연준 위원들의 발언에 따라 투자를 결정한다면 제대로 된 투자를 할 수 없을 것이다.

주식 투자에서 가장 피해야 하는 태도가 일희일비—喜—悲인데 연준 위원들의 발언에 중점을 둔 투자를 한다면 일희일비를 피해갈 수 없기 때문이다.

연준 의장인 제롬 파월은 최근 매파적인 발언을 하든 비둘기파적인 발언을 하든 늘 앞으로 나올 데이터에 근거해 통화 정책을 진행할 것이라고 강조한다.

이 말은 데이터에 따라 정책 기조가 순식간에 변할 수도 있다는 것을 나타낸다.

2022년에는 물가가 한 방향으로 오르기만 했으니 '강한 긴축', '빠른 금리 인상' 등으로 연준 위원들의 공통된 메시지가 투자자들에게 전달되었다.

하지만 2023년에는 물가 상승률이 둔화하고 있고, 높은 금리로 인해 야기될 경기 침체까지 고려해야 한다. 그래서 연준 내부에서도 누군가는 금리를 5%까지만 올려야 한다고 주장하고 누군가는 7%까지 금리를 올려야 한다고 주장하는 등 연준 위원들의 의견 차이도 커지는 상황이다.

2022년에 비해서 연준 위원들의 신뢰도가 약해진 시점으로 볼 수 있고 연준 위원들도 경제 상황에 따라 의견 차이가 더 심해질 수밖에 없으니 그들의 말을 그대로 믿으면 투자에 혼선만 가중될 수 있다.

결국에 2023년에는 미국 연준 위원들도 경제 데이터를 후행해서 읽어주는 역할을 할 것이고 서로 의견의 차이가 커질 것이므로 우리는 스스로 물가 경로를 판단하고 앞으로 나올 데이터를 전망하며 포지션을 잡아야 한다는 것이다.

불확실성이 높은 환경 속에서 본인의 판단을 신뢰하고 움직여야 한다는 말이다.


## 미국 연준을 믿지 않는 시장


2022년 12월 FOMC 점도표를 통해 미국 연준은 2023년 최종금리 목표가 5~5.25%라는 것을 시장에 전달했다. 하지만 시장 참여자들은 연준을 믿지 않고 있다.

Fed Watch(2022년 12월 기준)에 따르면, 시장은 연준의 최종금리 수준을 4.75~5%에 무게를 두고 있다. 연준이 제시한 최종 금리 목표까지는 달성하지 못할 것이라고 생각하는 것이다.

왜 이런 현상이 나타날까? 인플레이션을 대하는 연준의 생각과 투자자들의 생각을 비교해보면 답은 간단하다. 연준 입장에서 인플레이션은 잡초와 같은 존재다. 누르고 눌러도 뿌리가 살아 있으면 결국 다시 올라온다.

잡초를 없애려면 땅을 파든 약을 치든 뿌리를 없애야 한다. 즉, 인플레이션 뿌리를 없애려면 경기에 대한 사람들의 기대감을 제대로 눌러야 높아진 인플레이션 통제에 성공할 수 있다.

그래서 연준은 더 높은 수준의 금리 인상이 필요함을 강조하면서 시장의 기대감을 눌러야 하고 발표된 경제지표가 긍정적으로 해

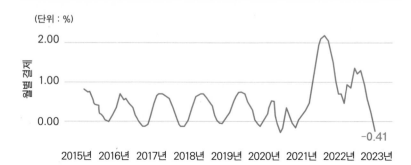

**[그림 5-1] 미국 임대료 지수 추이**

(단위 : %)

월별 절대

2.00

1.00

0.00

-0.41

2015년 2016년 2017년 2018년 2019년 2020년 2021년 2022년 2023년

자료 : 질로우그룹

석되면 엄중한 발언을 통해서 시장의 기대감을 조절하는 것이다.

반면에 투자자들의 생각은 조금 더 객관적이다. 여전히 물가 상승률이 7%대로 높지만 2023년에는 주거비 하락과 함께 크게 둔화할 가능성이 크고, 2023년 경기 침체에 대한 우려감에 연준이 원하는 수준까지 금리를 올리지 못할 것으로 보고 있다. 실제로 이런 생각을 뒷받침하는 데이터들이 하나둘 등장하고 있다.

CPI는 2022년 10월을 기점으로 피크아웃Peak-out이 확인되었고 높아진 모기지 금리의 영향으로 미국의 주택 시장, 임대 시장도 빠르게 위축되고 있다.

미국 온라인 부동산 플랫폼인 질로우그룹Zillow Group의 11월 데이터에 따르면, 임대료 지수는 전월 대비 0.41% 하락했고 지수 산출 이후 가장 큰 하락 폭을 기록했다.

최근 미국에서 룸메이트나 동거 가족을 늘리는 생활 패턴이 증가하고 있어 임대 매물 공실률이 높아지고 이는 임대료 상승을 억제하고 있다. 따라서 CPI의 3분의 1을 차지하는 주거비가 시차를 두고 안정이 되면서 CPI는 크게 둔화될 것이고 연준의 긴축 기조도 완화될 가능성이 크다.

추가로 전 세계 경제성장률이 둔화되고 있는 점도 시장 참여자들의 금리 전망에 근거가 되고 있다. OECD, IMF, 연준, 세계은행, 한국은행 등에서 2023년의 글로벌 경제성장률을 지속적으로 하향 조정하고 있다.

게다가 골드만삭스, 메타, 아마존, 구글 등 미국의 많은 기업에서 경기 둔화로 인해 인력 해고가 증가하는 상황이다. 서비스업 고용 상황은 아직까지 양호해 실업률이 가파른 상승세를 기록하지는 않지만, 실업률 상승도 결국 시간문제일 뿐이다.

따라서 실업률 상승과 함께 경기가 급격하게 둔화된다면 연준이 원하는 수준의 금리 인상은 힘들 가능성이 크다. 2023년에는 물가 하락과 경기 둔화가 연준의 피봇을 자극할 수 있고 이 시점은 연준이 제시한 기준보다는 빨리 올 수 있다.

즉 2023년에 연준의 생각에 동의한다면 투자 시점을 조금 늦추거나 더 여유롭게 시간을 두고 대응해야 할 것이고, 시장 참여자들 생각에 동의한다면 한발 먼저 움직여야 한다는 것을 시사한다.

## 상반기는 트렌드, 하반기는 사이클

2022년에는 빠른 긴축 속도와 그로 인해 발생할 경기 침체를 반영하면서 코스피는 고점 대비 35.6% 하락했다. 지난 팬데믹 기간에 나타난 하락 폭과 비슷하다.

하지만 이번 사이클에서는 팬데믹 때와 같이 V자 지수 회복을 기대하기는 어려운 상황이다.

현재는 연준의 양적 긴축이 진행 중이라 통화 완화 정책을 기대하기 어렵고 주거비 하락 등을 반영하며 물가가 충분히 떨어지는지 적어도 상반기까지는 확인이 필요하기 때문이다.

그래서 2023년 시장의 방향성은 상승이 기대되지만, 상반기에는 박스권 레벨을 단계적으로 올리는 계단식 상승을 예상하고, 하반기에는 연준의 피봇이 등장하면서 상승 추세를 본격적으로 나타낼 것으로 기대한다.

따라서 2023년 투자는 상반기와 하반기의 전략을 다르게 진행해야 한다. 상반기에는 시장 트렌드가 변화하면서 단기, 중기 사이클이 자주 등장할 것이고 지수 박스권 안에서 여러 이슈가 순환하며 수익의 기회를 가져다줄 것이다. 하반기에는 지수 상승과 함께 산업의 성장 사이클을 타는 기업들이 시장을 주도할 것이다.

마지막으로 과거 통계를 보더라도 2023년에는 지수 상승 기대감을 높일 수 있어 사이클 산업에도 관심을 둬야 한다.

(단위 : %)

| KOSPI 주요 하락장 | 하락장 수익률 | 하락장 직후 1년 | 하락장 직후 1년 수익률 |
|---|---|---|---|
| IMF (1997.6~1998.6) | -63.61 | 1998.6~1999.6 | 178.87 |
| IT 버블 붕괴 (2000.1~2001.9) | -55.74 | 2001.9~2002.9 | 55.05 |
| 카드채 버블 붕괴 (2002.4~2003.3) | -45.05 | 2003.3~2004.3 | 69.32 |
| 금융 위기 (2007.10~2008.10) | -54.54 | 2008.10~2009.10 | 74.72 |
| 팬데믹 (2020.1~2020.3) | -35.58 | 2020.3~2021.3 | 108.52 |
| 평균 | -50.90 | 평균 | 97.29 |

자료 : DB금융투자

국내 코스피지수는 2000년대 이후로 1년 이상, 즉 2년 연속 하락하는 경우는 없었고 주요 하락장 이후 1년 뒤에는 놀라운 수익률을 안겨줬다. 그러므로 2023년에는 상승 사이클을 타며 큰 수익을 안겨줄 종목을 미리 선점할 필요가 있다.

## 02
# DDR5,
# 큰 파도에 올라타자

## 반도체, 밭을 갈고 파종을 할 때

2022년 반도체 섹터의 종목들은 최악의 한 해를 보냈다. 스마트폰, 태블릿, 데스크톱, 노트북, 데이터센터 등 반도체가 필요한 전방 산업의 수요가 급격히 위축되었고 이에 따라 반도체 가격도 크게 떨어지면서 2022년 반도체 섹터는 우하향 추세를 그렸다.

하지만 IT 비중이 높은 한국 증시에서 반도체는 빼놓을 수 없는 산업이고 지수가 상승 국면에 들어선다면 필수로 관심을 둬야 하는 섹터라고 할 수 있다.

2022년 업황 부진으로 개인 투자자들이 반도체 섹터 투자를 기피하게 되었지만, 오히려 업황이 좋지 않을 때 조금씩 씨를 뿌리는 작업에 들어가야 한다.

왜 업황이 좋지 않을 때 관심을 둬야 하는가. 통상 반도체 사이클에서는 반도체업체들이 투자를 축소하고, 감산에 들어서면서 주가는 바닥을 형성한다. 이후 생산량 감소와 함께 악성 재고를 방출하면서 본격적인 업황 개선을 시작하는데 이 과정에 6개월가량의 시간이 들어간다.

그렇다면 우리가 반도체 투자를 고려할 때는 주요 업체들의 생산량, 재고 감소 소식을 체크하고 1~2분기 뒤 주가 상승을 고려해야 한다는 것이다.

2022년 연말 SK하이닉스, 마이크론, 키옥시아 등 국내외 반도체

[그림 5-2] 과거 공급이 조절되는 구간에서 반도체 업황은 바닥을 형성

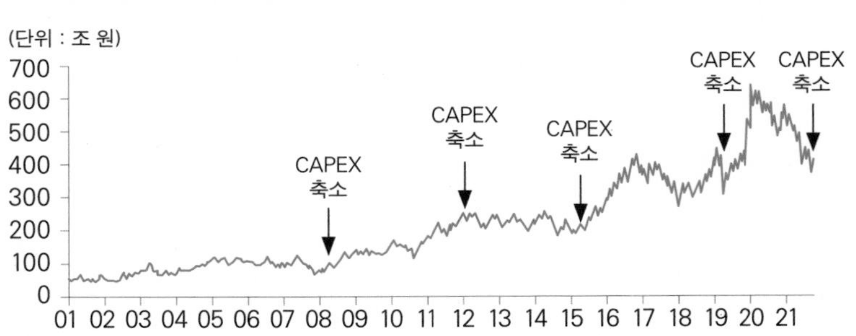

(단위 : 조 원)

* 삼성전자+SK하이닉스 합산 시가총액 추이-공급 조절을 발표하는 시점은 단기 바닥으로 작용
자료 : 대신증권 리서치센터

기업들은 어려움을 토로하며 감산에 돌입하고 공급량 조절에 본격적으로 나서고 있다.

마이크론과 키옥시아는 웨이퍼 투입량을 20~30% 줄이기로 발표했고, SK하이닉스도 2023년 투자를 절반가량 줄이기로 발표했다. 2023년 삼성전자까지 감산에 합류한다면 이제 업황 바닥은 확인되었다고 봐도 무관하다.

2023년 현재는 반도체 업황이 바닥에 가까워졌고 장기 투자를 목적으로 한다면 종목들의 가격적인 메리트도 커진 구간인 만큼 시간적인 여유를 두고 씨를 뿌리는 작업에 들어가야 한다.


## DDR5, 큰 파도에 올라타자

2023년 반도체 투자를 고려한다면 가장 큰 변화를 이끌 포인트를 잡아야 한다. 새로운 제품이 등장하면서 산업의 변화를 만든다면 파급력이 클 것인데 그것이 바로 DDR5다. 컴퓨터의 두뇌인 CPU가 발전하면서 D램도 데이터 처리가 빠르고 전력 효율을 높일 수 있게 발전해왔다.

2023년에 서버 시장 점유율이 높은 인텔의 새로운 CPU, 사파이어 래피즈Sapphire Rapids를 출시하기 때문에 (정식명칭은 제온4세대 스케일러블로, 23년 1월에 출시되었다) DDR4에서 DDR5로 전환이 본격화될 것이다.

D램의 세대 변화는 DDR3에서 DDR4로 전환이 본격화되었던 2015년 이후로 8년 만에 찾아온 것이다. 자주 찾아오는 이벤트가 아니므로 2023년에는 DDR5 변환 사이클을 놓쳐서는 안 된다.

이번 DDR5로 변환은 DDR4 변환 시점보다 파급력이 클 것으로 분석된다. DDR4 변환 시기는 PC의 수요가 중요했던 시기였다. PC는 소비재이므로 경제 상황에 따라 수요가 민감하게 바뀔 수 있고 DDR4의 수요 성장도 경제 상황에 따라 느려질 가능성도 컸다.

하지만 DDR5 변환의 시기는 서버의 수요가 중요한 시기다. 서버는 자율주행, 메타버스, IoT, 클라우드 등 미래 산업을 실현하기 위해 갖춰야 할 인프라적 성격이 강하다. 따라서 경제 상황에 따라 수요가 민감하게 움직이지 않을 것이고 DDR5 전환은 안정적이고 빠르게 증가할 것으로 예상하기 때문이다.

추가로 서버를 운영하는 업체 입장에서도 DDR5 전환을 반기지 않을 이유가 없다. 2022년 10월 카카오 먹통 사태에서도 많은 사람이 체감했지만, 서버는 잠깐이라도 멈추면 프로그램과 사람들의 생활에도 지장을 줄 수 있다. 그래서 24시간 풀 가동이 기본이고 전력 사용도 많다.

서버를 운영하는 업체들은 DDR5로 전환하면 전력 효율을 높일 수 있고, 데이터 처리 속도는 더욱 빠르게 만들 수 있으므로 적극적인 교체 수요가 발생할 것으로 예상한다.

과거 DDR3에서 DDR4로 전환하는 시점에서 ISC(095340) 같은 핵심 종목들은 주가가 300% 이상 상승하기도 했다. 2023년은 반도체 산업 8년 만에 큰 파도가 오고 있으니 우리는 이 파도에 올라타야 한다.

## 2023년 큰 파도를 끌어갈 대표 기업 TOP 2

DDR5 수혜 기업들은 공통적인 특징이 있다. 해당 기업들의 컨센서스Consensus에는 2022년 실적이 고성장하는 것으로 평가되어 있다는 점이다. 이는 인텔의 사파이어 래피즈가 2022년 5월 또는 9월에 출시할 것으로 예상했기 때문에 애널리스트의 실적 추정치가 2022년에 초점이 맞춰져 있다.

하지만 사파이어 래피즈의 출시를 연기하면서 실적 고성장의 구간이 2023년으로 넘어왔다. 따라서 2023년에 애널리스트의 실적 추정치를 수정하면서 주가 상승의 모멘텀으로 작용할 수 있음을 기억하자.

### 투자 유망 종목 ① 티엘비(356860)

티엘비는 D램 모듈에 들어가는 인쇄회로기판PCB을 주로 생산하는 업체다. 국내외 대표 메모리 반도체 기업인 삼성전자, SK하이닉스, 마이크론에 제품을 공급하고 있으므로 DDR5 전환에 따른 수혜를 크게 받을 것으로 기대하는 기업이다.

2020년 7월 국제반도체표준협의기구JEDEC에서 DDR5 규격을 확정해 티엘비는 이미 DDR5용 제품을 생산하고 있다.

2022년에는 PC용 제품을 주로 생산하고 판매했지만 2023년부터는 서버용 제품으로 생산을 확대할 것이므로 실적 고성장 구간에 들어설 것이다.

그리고 DDR5로 전환되면서 설계 구조를 변경해야 하므로 새로운 구조의 PCB가 필요하다. 새로운 제품은 기존 제품에 비해 공급 단가도 높을 것으로 예상하기 때문에 티엘비는 2023년에 P(가격)와 Q(수요)가 함께 성장하는 구조를 만들 수 있다. 따라서 티엘비는 2023년에 주목할 DDR5 핵심 기업이다.

### 투자 유망 종목 ② 아비코전자(036010)

아비코전자는 전류를 통제하는 인덕터와 저항기를 생산하는 업체다. 아비코전자의 2023년 성장 동력은 2가지다. 하나는 DDR5용 제품, 다른 하나는 전장용 PCB 제품이다.

DDR5 수혜를 기대하는 이유는 인덕터 때문인데 인덕터는 전류의 급격한 변화를 통제하는 제품이다. DDR5 모듈에는 전원을 관리하는 전련관리반도체PMIC를 함께 탑재하기 때문에 아비코전자의 파워인덕터가 DDR5 모듈에 함께 들어가게 된다.

아비코전자의 인덕터 매출이 고성장을 기록할 수 있는 배경이며, 파워인덕터의 평균 제품 단가도 상승할 것으로 예상하므로 티엘비와 마찬가지로 P(가격)와 Q(수요)가 함께 성장하는 구조를 기대할 수 있다.

아비코전자는 2018년에 인수한 아비코테크가 적자 기업에서 흑자 회사로 전환하면서 새로운 성장 동력을 장착하고 있다. 아비코테크는 전장용 PCB 제품을 생산하는데 자동차 산업이 자동화, 전장화되면서 전장용 PCB의 수요가 함께 성장하고 있기 때문이다. 즉, 아비코테크도 일시적인 실적 개선이 아닌 지속 가능한 이익 구조를 갖췄다는 것이다.

따라서 2가지 성장 동력을 보유한 아비코전자도 2023년에 주목할 DDR5 핵심 기업이다.

## 03

# 원통형 배터리, 차별화 장세 속 빛을 밝힐 주인공

## 2차 전지, 과거의 영광을 잊고 차별화를 준비할 때

2차 전지 섹터는 3년간 상승을 이어온 메가트렌드Megatrend이고 여전히 투자자들의 관심이 높은 섹터다. 내연기관차→전기차 전환이라는 큰 변화가 만들어지고 있고 우리 실생활에서도 이를 체감하기 때문이다. 이를 위해 유럽 국가들은 이산화탄소 배출량을 강하게 통제하는 정책을 펼치고 미국은 IRA를 시행하는 등 정책적인 지원까지 받쳐주는 산업이므로 기대감이 높다.

하지만 2023년부터 단기 성장 폭이 둔화하면서 2차 전지 섹터의 투자는 차별화가 강해질 것으로 전망한다.

첫째, 경기 둔화 때문이다. 전 세계 국가들은 2022년 물가와의 전쟁을 치르면서 금리를 빠르게 인상했고 자연스럽게 사람들의 소비 감소로 이어지고 있다. 2차 전지 시장은 전기차 시장과 동반 성장했는데 자동차는 경기에 따라 소비가 달라지는 임의 소비재이므로 2023년 전기차 시장도 영향을 받을 수밖에 없다.

삼성증권 연구에 따르면, 2023년 글로벌 전기차 시장은 전년 대비 22% 성장을 기대하고 있다. 전년 대비 53% 성장한 2022년에 비해서는 아쉬운 성장성이고, 전기차 시장이 최근 10년간 40% 이상의 성장을 기록했다는 것과 비교하면 소비 둔화가 크게 와닿는 수

| [표 5-2] 2023년 유럽의 성장은 감소하고 미국의 성장은 확대 | | | | | | |
|---|---|---|---|---|---|---|
| (단위 : 천 대) | 2020 | 2021 | 2022E | 2023E | 2024E | 2025E |
| 글로벌 EV 판매량 | 3,245 | 6,750 | 10,334 | 12,648 | 15,363 | 18,735 |
| YoY 성장률(%) | 42.6 | 108.0 | 53.1 | 22.4 | 21.5 | 21.9 |
| 미국 | 328 | 669 | 1,123 | 1,909 | 2,790 | 3,457 |
| YoY 성장률(%) | 3.9 | 104.2 | 67.8 | 70.0 | 46.2 | 23.9 |
| 중국 | 1,335 | 3,474 | 6,300 | 7,800 | 8,940 | 9,766 |
| YoY 성장률(%) | 11.6 | 160.2 | 81.3 | 23.8 | 14.6 | 9.2 |
| 유럽 | 1,403 | 2,341 | 2,515 | 2,389 | 2,644 | 4,451 |
| YoY 성장률(%) | 137.4 | 66.9 | 7.4 | -5.0 | 10.7 | 68.3 |
| xEV 배터리(GWh) | 203 | 404 | 612 | 821 | 1,071 | 1,356 |
| YoY 성장률(%) | 50.1 | 99.1 | 51.5 | 34.2 | 30.4 | 26.6 |

자료 : EV 볼륨, 삼성증권 추정

치다. 따라서 성장이 둔화하는 환경 속에서 고성장을 유지하는 기업만이 주가가 상승하는 차별화가 나타날 것이다.

둘째, 성장 배경의 변화 때문이다. 한국의 2차 전지업체들의 성장은 그간 유럽을 중심으로 동력을 장착했다. LG, 삼성, SK 등 국내 대기업이 유럽 시장 초기에 진입해 빠르게 시장을 점유해서 한국의 관련 기업들이 낙수 효과를 얻을 수 있었다. 하지만 유럽도 전기차 침투율이 15%를 넘어서면서 성장 속도가 둔화하고 있어 이전에 경험했던 폭발적 성장을 기대하기 어려워졌다.

반면에 전기차 침투율이 5% 수준으로 느린 미국은 바이든 정부의 친환경 정책과 맞물리면서 2023년에도 고성장을 이어갈 것으로 전망한다. 이는 국내 대기업들이 미국에 투자를 늘리고 있는 이유이기도 하다.

따라서 유럽 중심에서 미국으로 성장 배경이 변하면서 적응하지 못하는 기업들은 이전과 같은 영광을 누릴 수 없을 것이고 변화에 빠르게 대처하는 기업들의 주가가 상승하는 차별화가 나타날 것이다.

## 차별화 장세 속 빛을 밝힐 원통형 배터리

우리는 종종 과거에는 체구가 작았던 친구가 몇 년 뒤에 키가 커지거나, 운동을 해서 체구가 커진 친구들을 만나게 된다. 기억 속에 있던 모습과 차이가 커지면서 자연스럽게 격한 반응이 나타나게 된다. 2차 전지 시장에서도 점점 체구를 키우고 있는 주인공이 있는데 바로 원통형 배터다. 배터리의 폼팩터는 크게 각형, 파우치형, 원통형 3가지로 나뉜다.

원통형 배터리는 공간 효율성이 떨어지고 수명도 짧다는 이유로 주로 소형 공구나 전자기기에 활용해왔다. 그래서 전기차 배터리 시장에서는 각형이나 파우치형에 비해 존재감이 작았다. 하지만 2023년 하반기부터는 체구가 커진 중대형 원통형 배터리 성장이 본격화되면서 판도를 흔들 것이다.

원통형 배터리가 갑자기 성장하게 된 배경은 테슬라 덕이다. 전기차 시장의 퍼스트 무버First Mover인 테슬라는 비용 절감을 위해 원통형 배터리를 써왔다. 원통형 배터리의 가장 큰 단점은 수십 수천 개의 원통형 배터리를 납땜으로 연결해야 한다는 것이다.

원통형 배터리 개별 가격은 저렴하지만, 전기차 배터리로 활용하기 위해 여러 개를 연결하는 과정에 비용이 크게 들고 배터리 사이에 빈틈이 발생해 에너지 밀도도 줄어든다. 그래서 다른 완성차 업체들은 원통형 배터리를 선호하지 않았다.

그러나 기술이 진보하면서 원통형 배터리를 연결하는 접합부의 문제점이 잡혔고, 크기가 커진 4680배터리(지름 46mm, 높이 80mm)를 2023년 하반기부터 양산하기 때문에 얘기가 달라진다.

테슬라만 채택해온 원통형 배터리를 BMW, 볼보, 재규어 등 다른 기업들도 채택하고 있으며 2023년에는 더 많은 업체가 원통형을 채택할 것이다.

게다가 국내 대기업도 변화에 발맞춰 원통형 배터리 설비 투자를 확대 중이다. LG에너지솔루션은 원통형 배터리 생산 라인을 신·증설하는 데 4조 원을 투자한다고 발표했다. 삼성SDI도 충청남도 천안 공장에 원통형 배터리 라인을 구축 중이다.

2023년에는 원통형 배터리 관련 기업들이 투자자들의 기존 인식과 차이를 벌리면서 주가의 반응도 끌어낼 것으로 기대한다.

## 원통형 배터리 성장 파트너 TOP 2

### 투자 유망 종목 ① TCC스틸(002710)

TCC스틸은 표면 처리 강판을 전문으로 제조하는 업체다. TCC스틸이 생산하는 제품 중 니켈도금강판은 원통형 배터리의 용기를 만들 때 쓰인다. 강판에 니켈을 도금한 후 가공 업체를 거쳐서 LG에너지솔루션과 삼성SDI에 공급하는 구조다.

TCC스틸은 이미 국내 대표 배터리 기업에 제품을 공급하고 있어 원통형 배터리의 채택 증가와 대기업의 투자 확대에 따른 수혜를 받을 것으로 기대한다.

다만 TCC스틸은 니켈·철광석 등 원자재의 가격 변동에 따라 실적이 영향을 받는다. 따라서 원자재값이 상승하면서 판가에 전이되는 시점에 수익성이 크게 개선되는 특징이 있다.

2023년 경기 둔화에 대한 우려로 원자재값도 떨어질 가능성이 크지만, 하반기 미국 연준의 정책 완화와 함께 경기 부양 정책이 활성화된다면 원자재도 상승 사이클에 들어설 것이다.

2023년 하반기에는 중대형 원통형 배터리의 양산으로 수요가 본격적으로 확대될 것이고 TCC스틸은 대규모 증설을 통해서 2023년 하반기에는 생산 능력을 2배로 확대한다. 즉, 2023년 하반기부터는 TCC스틸의 실적이 본격 성장을 그릴 수 있는 만큼 2023년에 주목할 원통형 배터리 핵심 수혜주다.

### 투자 유망 종목 ② 상신이디피(091580)

상신이디피는 2차 전지 배터리 용기를 제작하는 업체로 전기차향 중대형 배터리 용기와 원통형 배터리 용기를 제작한다. 상신이디피는 주로 삼성SDI에 제품을 공급해 삼성SDI의 원통형 배터리 투자와 미국 투자에 따른 수혜가 기대되는 기업이다.

삼성SDI는 다른 배터리 업체보다는 다소 보수적인 투자 계획을 이어왔다. 하지만 삼성도 미국을 거점으로 확장을 고려 중이며 기존 스텔란티스와의 협력 외에도 GM, 볼보 등 다른 업체와 합작법인 설립을 검토 중이다.

2023년에는 삼성의 본격적인 투자 확대로 관련 밸류체인이 부각될 것이며 상신이디피는 그 흐름에서 빠질 수 없는 기업이다. 최근 BMW는 신형 전기차 플랫폼에 삼성의 원통형 배터리를 탑재할 계획을 밝혔다.

따라서 삼성SDI의 원통형 배터리 라인 투자는 점진적으로 확대될 것이고 이미 제품을 공급하고 있는 상신이디피의 수혜가 클 것으로 예상한다. 이에 맞춰 상신이디피도 증설을 꾸준히 진행 중이며 2023년 1분기부터는 중대형 용기 라인을 추가로 가동하므로 실적 성장을 지속할 것이다.

# 04

# 기술적 지표,
# 정교한 투자를 위한 도구

주식 투자에서 기본적으로 기업의 성장 동력을 체크하는 것이 우선이다. 그 후 정교한 투자를 하기 위해서 기술적인 지표를 활용하게 되는데 여기서는 실적에 적용할 수 있는 기술적인 부분과 사례를 담았으니 본인의 투자에 접목해보는 것을 추천한다.

## 이동평균선, 신뢰도가 가장 높은 지표

이동평균선은 일정 기간의 종가를 평균한 값이다. 다른 어떤 보조 지표보다 신뢰도가 높다고 보는 이유는 가격에 투자자들의 모든 심리를 반영하기 때문이다. 그래서 이동평균선의 방향이 상승 중이라면 투자자들의 심리는 상승에 대한 기대감이 더 크게 작용 중인 상황이고, 반대로 하락 중이라면 투자자들의 심리는 하락에 대한 생각이 더 크게 작용하는 것이다.

기간이 더 긴 이동평균선일수록 추세를 유지하려는 힘의 강도가 훨씬 강하다. 따라서 이러한 이동평균선을 매매에 적용하려면 여러 이동평균선이 수렴하는 구간(매수와 매도가 줄어들며 투자자들의 평균값이 가까워지는 구간)을 주목해야 한다.

그 후에는 상승 또는 하락의 방향성이 본격화되므로 회사의 성장 동력이나 재료가 강하다면 상승을 바라보고 투자에 진입할 시점이다. 수렴 이후 장기 이동평균선 지지가 확인되었다면 더욱 신뢰도 높게 투자에 진입할 수 있다. 이 내용을 어떻게 활용했는지 사례를 통해 알아보자.

### 사례 ① 래몽래인(200350)

래몽래인은 나에게 2022년 11월 99.5% 수익으로 수익률 대결 우승을 안겨준 종목이다.

첫째, 래몽래인에서 수익을 크게 낸 비결은 성장 동력이 확실했기 때문이다. 2022년 7월에 공개한 〈신병〉 콘텐츠가 흥행하면서 상승 추세로 돌려놓았고, 그 후 몇 개월간 횡보하면서 10월에는 단

[그림 5-3] 래몽래인

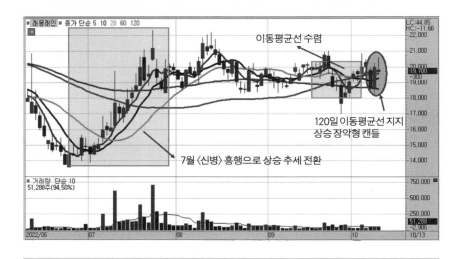

이동평균선 수렴

120일 이동평균선 지지
상승 장악형 캔들

7월 〈신병〉 흥행으로 상승 추세 전환

기와 장기 이동평균선이 수렴하는 모습을 확인했다. 이제 추가 상승을 위한 동력이 필요한데 11월에는 〈재벌집 막내아들〉이 방영될 예정이었다.

엄청난 드라마라는 것을 지금은 모두가 알고 있지만 2022년 10월경에는 어떻게 판단할 수 있었을까? 바로 편성 일정을 보고 알 수 있었다. JTBC에서 〈재벌집 막내아들〉은 금요일, 토요일, 일요일 밤 10시 30분에 방영했다.

일반적으로 드라마는 주 2회 편성을 해왔는데 〈재벌집 막내아들〉은 주 3회 편성이고 편성 요일과 시간도 골든 타임에 배치했다.

따라서 방영 이후 반응은 예측이 어려워도 방영 전까지 기대감이 붙으리란 확신이 들었다.

둘째, 장기 이동평균선의 지지 확인이었다. 내가 이 종목을 편입한 시점은 10월 13일인데 이동평균선은 수렴을 거쳐 60일 중기 이동평균선도 상승 방향을 나타내고 있었고, 10월 12일에 120일 장기 이동평균선에서 강한 지지가 나타나는 흐름을 확인했다. 10월 12일에 전일 음봉을 잡아먹는 상승 장악형 캔들이 등장했기 때문에 10월 13일 투자에 확신할 수 있었다.

그 후 120일 장기 이동평균선은 역시 깨지지 않았고 상승 추세가 본격화되면서 큰 수익을 안겨주었다. 따라서 이동평균선의 수렴 이후 장기 이동평균선의 지지까지 확인된다면 우리는 그 종목을 주목해야 한다.

## 망치형·도지형 캔들, 눌림목 반전의 힌트

종목을 선정하는 과정에서 우리는 시세가 분출하기 전보다 단기적인 시세가 나오고 난 뒤에 종목을 발견하는 경우가 많다. 거래가 증가하면서 주가가 상승해야 시장의 관심이 높아지기 때문이다.

하지만 이런 종목을 발견하는 즉시 투자에 진입하면 대부분 손실을 보는 경우가 많다. 시세 분출 후 단기 조정 구간이 진행되기 때문이다. 그래서 초보 투자자일수록 시세가 분출하는 구간에서 따라잡기보다는 눌림목 구간에서 매매하려는 습관을 들여야 한다.

눌림목 매매를 시도하는 많은 투자자가 잘못 알고 있는 게 있는데 5일, 10일, 20일 등 이동평균선 가격까지 빠지면 무조건 반등이 나온다는 생각이다.

주가의 움직임은 심리적인 부분이 크게 작용하므로 시장 환경, 종목에 대한 뉴스에 따라서 더 밀릴 수도 있고 아니면 10일, 20일 이동평균선에서 반등이 나올 수도 있다. 그래서 단기 조정이 들어오고 상승으로 심리가 반전될 힌트를 찾고 투자에 진입해야 제대로 된 눌림목 매매라고 말할 수 있다.

그리고 반전의 힌트는 도지형 캔들과 망치형 캔들이다. 단기 하락 추세 중에 등장한 도지형 캔들은 매수와 매도의 힘이 비슷하게 형성된 구간이고 망치형 캔들은 하락 추세가 약해지고 상승의 힘이 더 강하게 작용했다고 알려주는 캔들이다. 즉, 단기 조정 구간 마무리 단계에 가까워졌음을 나타내는 것이다.

따라서 도지형 캔들을 확인한 후 양봉이 나오며 추가 하락이 없다면 진입하기에 안전해진 구간이라는 판단을 할 수 있고 매수세가 강해지면서 단기간에 좋은 수익 구간을 가져다주기도 한다.

### 사례 ② 삼진엘앤디(054090)

삼진엘앤디는 2022년 11월 11일에 편입해 바로 다음 거래일에

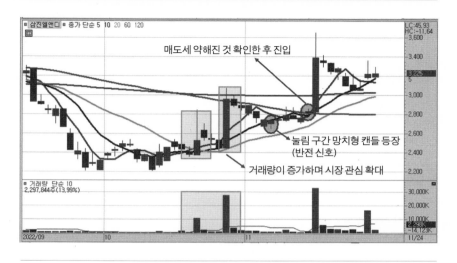

**[그림 5-4] 삼진엘앤디**

29% 수익을 가져다준 종목이다. 이 종목의 매매 비결도 눌림 구간에서 망치형 캔들을 활용한 매매다. 해당 종목은 10월 21일과 27일 바닥권에서 거래량 증가와 함께 시장의 관심이 높아졌다. 나도 이구간에 종목을 발견했고 이후 눌림목 매매 기회를 기다리고 있었다.

11월 4일 망치형 캔들을 만들면서 기다리던 반전 신호가 등장했다. 이후 며칠간 매도세가 정말 약해졌는지 확인했고 조금 더 강한 확신이 들었던 11월 11일에 종목을 편입했다. 따라서 단기 눌림 구간에서 등장하는 도지형 또는 망치형 캔들을 발견했다면 그 종목을 주목해야 한다.

# PART 6

# 박스권에 갇힌 증시, 종목별 장세로 대응하라

박병주

## 01

# 미국 기준금리 인상 끝점에서 경기 침체가 온다

## 인플레이션 지나고 경기 침체를 대비

미국 경기 추이는 세계 경제 흐름을 좌우하기 때문에 미국 경기를 살펴봐야 한다. 특히 미국의 CPI가 중요한 이유는 미국 연준이 기준금리를 결정하는 데 중요한 기준점이 되기 때문이다.

미국 CPI는 2022년 6월에 9.1%에서 정점을 형성한 후 11월 7.1%까지 고점 대비 18.2%로 급하게 하락해 인플레이션 정점은 지난 것으로 판단한다. 그리고 물가 상승 압력에 중요한 석윳값을 비롯한 주요 원자재값도 하락해 물가 압력은 적다고 볼 수가 있다.

그러면 인플레이션 압력이 정점을 치고 내려오니 주식 투자를 할 최저점 찬스인가. 이것은 아니라고 판단한다. 미국 CPI 하락을 경기 침체 신호로 볼 수 있기 때문이다.

미국 연준은 2022년 3월의 기준금리 0.25%를 2022년 12월에 4.5%까지 올려 9개월 만에 18배에 달하는 기준금리 인상을 했다. 불과 10개월 전만 해도 경제 참가자들은 금리가 0.5% 이상 상승할 거라고 예상을 하지 않고 돈을 빌려서 부동산 투자, 아파트 투자, 갭 투자를 한 상태다.

기업들은 0.5%대 저금리 상태를 예상하고 투자 계획을 수립했는데, 미국 기준금리가 9개월 만에 18배 인상했고 2023년에는 5% 이상 상승해 20배 이상 상승한다고 전망하고 있다. 그렇다면 갚아야 할 이자가 10개월 만에 몇 배가 올라서 2023년과 2024년에는 큰 빚으로 되돌아오는 사태가 발생한다.

수백조 원을 운용하는 각종 연기금, 국민연금, 사학연금, 군인연금 등은 초저금리 시대를 예상하고 안전자산인 채권에 투자해 금리가 가파르게 상승했는데 채권 가격이 폭락해 매우 어려운 지경에 이르고 있다. 모든 경제 참가자의 자산 운용 금액이 버블이 터진 상태로 변하는 것이다. 투자 자산의 손실이 발생해 자산이 줄어들면 소비는 줄어들고 경기 침체로 간다.

자동차 할부 금융 금리도 2022년 초보다 연말에 4배 이상 상승해 신차 계약이 줄줄이 취소되고 있다. 금리 인상이 실물경기 침체로 전이되는 것이다.

우리나라 증시도 종합지수 3,316포인트에서 2,315포인트까지 35.6% 하락해 가격 매력이 있어 보이지만 경기가 침체로 가는 국면에서 기업들의 이익이 감소하므로, 섣부르게 매수하기 힘들어 보인다. 2023년 한국 증시 대응 전략은 어떻게 하면 좋을까? 다름 아닌 상저하고 전략이다.

상반기 3월까지는 종합지수에 기준해 2,250선이 깨지면 1,870선까지 열어두고 대응할 필요가 있어 보인다. 2023년 2~3월에 저점 형성을 전망한다. 근거는 삼성전자와 SK하이닉스 반도체 업종이 2023년 1분기에 실적 저점을 통과할 것으로 보이고 한국의 수출 저점도 1분기에 형성할 것으로 보기 때문이다.

하반기에는 중국 또한 위드 코로나 정책으로 인해 한국 수출에도 긍정적인 상황을 기대해본다. 따라서 하반기의 한국 증시는 긍정적으로 전망한다.

## 미국 국채 3개월물과 10년물 역전 현상 41년 만에 최고치 의미

미국 국채 3개월물과 10년물 역전 현상, 즉 미국 국채 3개월 금리가 10년 금리보다 높은 현상을 말한다. 역전 현상은 2022년 10월

26일경에 발생해 2022년 12월 19일에도 지속하고 있고, 폭은 41년 만에 최고치다.

3개월 10년 미국 국채 역전 현상이 발생하면 미국 경기 침체가 반드시 발생했다. 이유는 무엇일까?

미국 국채 3개월 만기짜리가 2022년 12월 19일에 금리가 4.3%이고 10년물은 3.579%다. 만기 3개월짜리 돈을 빌리면 덜 불안하니 이자가 낮고 10년이 만기가 되는 채권을 사면 10년 후에 원금을 돌려받으니 이자를 더 받고 채권을 사는 것이 보통이다.

그런데 금융 시장의 불안 혹은 경제가 불안해 돈이 필요한 상황이 발생하면 단기 자금 확보 전쟁이 붙어서 3개월짜리 채권금리가 높아진다. 이런 장단기 금리 현상 후에는 거의 98% 이상 경기 침체 현상이 발생했다.

## 미국 연준 장단기 금리 역전 현상

그렇다면 우리나라 증시의 대응 전략은 무엇일까? 미국 국채 3개월물과 10년물 역전 현상 후에 한국 증시는 45% 이상 하락을 보였다는 점이다. 적게는 45% 하락하고 많게는 70%까지 하락했다. 2021년 6월 25일 3,316.08포인트에서 고점을 찍고 2,134.77포인트까지 35.6% 하락해 아직 진짜 바닥을 형성했다고 볼 수 없다. 종합

[그림 6-1] 미국 국채 10년 고정 만기 시장 수익률

(단위 : %)　　　— 10년 국채 고정 만기　■■■ 3개월 국채 고정 만기

\* 음영 : 미국의 경기 침체를 의미
자료 : 세인트루이스 연방준비은행


주가지수는 1,600포인트 이하에서 진짜 바닥이 형성된다.

　따라서 한국 증시와 한국 경제는 한 번 더 큰 경제 충격 후에 진짜 매수할 기회로 대응할 필요가 있다. 진짜 바닥은 아직 아니라는 판단이다.


## 미국 고금리 상태 유지와 일본의 실질금리 인상


　미국 연준은 기준금리를 언제까지 올릴까? 실질이자율이 플러스로 전환되면 기준금리 인상을 멈췄다. 즉, CPI가 2022년 11월을 기준으로 해 7.1%인데 기준금리는 4.5%, 실질이자율은 −2.6%,

아직은 마이너스 상태이므로 2023년에도 기준금리를 추가 인상할 것으로 보인다.

2023년 5월 4일에 열리는 미국 FOMC 회의에는 물가가 추가 하락해 실질이자율이 플러스권에 진입할 가능성이 커 보인다.

기준금리를 더는 올리지 않으면 시장이 바라는 대로 미국 연준은 금리를 바로 인하할까? 그렇지 않다. 6~11개월 동안 고점에서 숙성시킨 후에 경기가 침체 신호를 보이면 기준금리를 인하했다.

따라서 2023년에는 5% 이상 미국 기준금리가 고금리 상태를 유지할 전망이다. 미국 기준금리는 2022년 2월 0.25%에서 20배 이상 오른 상태에서 오랜 기간 고금리를 유지하면서 인플레이션 기대심리가 꺾이는 것을 지켜본다는 것을 명심해야 한다.

초저금리 상태에서 막대한 빚을 내서 투자한 사람들은 매우 고통스러운 시간이 되고 빚을 내서 레버리지 투자를 잘못해 갚지 못할 금융기관들은 2008년 리먼브러더스 사태처럼 파산할 수 있다. 이미 가상화폐 시장에서는 몇몇 거래소가 파산한 상태다.

2022년 12월 20일 일본중앙은행BOJ은 장기금리 상한 0.5% 인상을 10년 만에 단행하면서 실질적인 금리 인상을 했다. 일본의 물가는 41년 이래 최고치를 기록하는 상황에서 당연한 조치라고 볼 수 있다. 일본이 실질적으로 금리 인상 대열에 들어가면서 3,870조 원 규모의 일본 엔화 저금리 자금들이 세계 각지 투자처에서 일본으로 송금되면 국제 금융 시장에 엄청난 파장이 발생할 전망이다.

블룸버그에 따르면 은행, 연기금 등 일본 투자자들이 해외 주식, 채권에 투자한 자금은 3조 달러(약 3,870조 원)를 넘어서는 규모로 추산한다. 일본의 미국 주식, 채권 보유량만 현재 1조 5,000억 달러(약 1,940조 원) 이상이다. 이는 미국 GDP의 7.3%로 추산되는 규모다.

다른 국가에도 일본 자금이 대거 유입됐다. 일본이 네덜란드 주식, 채권에 투자한 금액은 이 국가 GDP의 9.5%에 달하고 오스트레일리아(GDP 대비 8.3%), 프랑스(7.5%), 영국(4.6%), 벨기에(4.5%), 캐나다(4.1%)에도 일본 투자자들이 많이 들어갔다.

2022년 12월 20일경 일본중앙은행이 실질적인 금리 인상을 조치한 후에 네덜란드 국채와 독일 국채 시장이 급락했다. 2023년 초에는 일본 자금이 일본으로 송금되면서 발생하는 문제점을 집중적으로 관찰해야 한다.

## 02
# 화장품 산업
# 8년 만에 빅 찬스가 온다

## 8년 만에 중국에서 불어오는 훈풍

2022년 12월 24일, 서울 명동에 화장품을 구매하러 갔다. 그런데 명동에 사람들이 인산인해를 이루었다. 2020년 2월에 코로나 19 확진이 본격화된 후에 명동거리가 꽉 차는 일은 거의 없었다. 나는 모 화장품 매장에서 제품을 구매하고 직원과 몇 가지를 인터뷰했다.

첫째, 중국인들이 많이 오는지 물었더니 일본인들이 가장 많이 오고 간혹 중국인도 온다고 했다. 인터뷰 도중에 중국인에게 중국

어로 판매하는 장면도 목격했다.

둘째, 중국인들은 언제쯤 본격적으로 온다고 보는지 물어보았더니 중국 국경 내에서 코로나19 이동 제한 조치가 완전히 풀렸다면서 춘절 연휴 즈음에 중국인들이 올 것으로 내심 기대한다고 했다.

중국 전문가들은 중국의 전면적 위드 코로나 정책을 춘절 후에 혹은 2023년 3월 초경(양회 무렵)에 실시할 것으로 전망한다.

한국 화장품 관련 주식에 매우 반가운 소식이다. 중국 시장은 한국 화장품 기업에 절대적인 영향력을 미치기 때문이다. 2015년 한한령 이후 8년 만에 큰 기대를 한다.

2023년 아시아게임이 중국 항저우에서 9월 23일부터 10월 8일까지 열리므로 중국 정부는 코로나19 방역 해제 조치를 더욱 강하게 할 것으로 보인다. 8년 전처럼 중국 보따리상(다이궁)이 한국 화장품을 싹쓸이할 것으로 기대해본다.

## 미국·유럽·일본에서 한국 화장품 판매액 최대 호황기

국내 화장품 기업들은 중국 시장이 막히고 중국 정부가 자국 화장품 기업에 관한 지원을 해 영업 환경이 악화되자 미국·일본·유럽·동남아시아 시장을 공략하고 있다. 대표적인 기업이 아모레퍼시픽과 LG생활건강이다.

[그림 6-2] 타타 하퍼

자료 : 아모레퍼시픽

아모레퍼시픽은 중국을 제외한 시장에서 설화수, 라네즈, 이니스프리 등 주요 브랜드가 선전하고 있다. 북미 매출은 97%, 유럽은 60% 급성장했다.

라네즈는 2022년 7월 '아마존 프라임 데이'에서 '뷰티 & 퍼스널 케어' 부문 판매량 전체 1위를 기록했고, 유럽에서도 라네즈, 이니스프리가 판매 호조세를 보였다. 2022년 9월에는 북미 스킨 케어 시장을 공략하기 위해 미국 클린 뷰티 브랜드 '타타 하퍼Tata Harper'를 1,681억 원에 인수하기도 했다.

일본에서는 라네즈 '네오쿠션'을 앞세워 마케팅을 강화하고 있다.

아모레퍼시픽재팬은 2022년 8월 라네즈 부서를 신설하고, 라네즈를 리뷰 기반의 일본 최대 뷰티 플랫폼 '아토코스메@cosme'에 입점시켰다.

LG생활건강은 그동안 M&A를 진행하며 더 에이본 컴퍼니The Avon Company를 통해 확보한 유통망을 기반으로 자사 브랜드의 미국 진출을 확대하고 피지오겔, 알틱 폭스Arctic Fox, 크렘샵The Crème Shop 등으로 자사 보유 브랜드를 확대해왔다.

## 우리나라 화장품 최선호주 Top 2

### 투자 유망 종목 ① LG생활건강(051900)

기술적인 분석상 LG생활건강 가격은 178만 4,000원에서 49만 9,500원까지 72% 하락했는데 이것은 2014년 가격 저점 부근까지 급락했다는 것을 의미한다.

2014년 가격대가 중요한 이유는 한국의 화장품 관련 주는 시진핑 국가주석이 2014년 7월에 방문한 이후 본격 상승했다. 2014년 저점 부근까지 하락해 가격 거품은 꺼진 것으로 판단한다.

한국의 대표 대장주가 고점을 형성하고 하락을 시작해 저점을 형성할 때 저점은 고점에서 70% 정도 하락하는 구간에서 형성되었다. 1998년 IMF 당시 삼성전자도 고점에서 71% 하락하는 자리에서 역사적인 저점을 형성했다. 업종 대표 주인 LG생활건강도 가격 하락은 충분하다고 볼 수 있다.

LG생활건강은 구조조정을 한 효과가 서서히 드러나고 있고 중국 외에 해외 시장을 개척 중이다. 중국 시장도 중국 정부가 코로나19 방역을 제로 코로나 정책에서 위드 코로나 정책으로 전환하고 있다.

그리고 LG생활건강은 불필요한 매장과 제품 라인을 정리하기 시작했다. 신규 라인 업을 런칭해 신제품 효과를 누리는 동시에 평균 판매단가ASP를 높이고자 노력하고 있으며 희망퇴직 등을 통해 고정적 인건비도 낮아지는 추세다.

2023년에는 LG생활건강 외에 재무 구조가 좋은 화장품 관련 주를 주목해보자. 좋은 결과가 있기를 기대해본다.

### 투자 유망 종목 ② 코스맥스(192820)

코스맥스는 직접 화장품을 연구와 개발하고 생산하는 화장품 ODMOriginal Development & Design Manufacturing(연구개발을 통한 생산 방식) 전문 기업이다. ODM 기업은 자체 개발한 콘셉트 또는 제품을 고객사에 제안한 후 주문을 받아 완제품을 공급하는 기업이다. 코스맥스는 전체 매출의 90% 이상을 ODM 형태로 공급하고 있다.

코스맥스는 1992년 설립 이래 화장품 ODM 분야에 집중해왔고, 한국을 대표하는 ODM 기업이자 화장품 ODM 사업 부문 매출 기준으로 전 세계에서 가장 큰 기업이다.

코스맥스가 개발한 화장품을 국내외의 수많은 브랜드에 공급하고 있으며 주요 해외 고객으로는 세계 최대의 화장품 그룹인 L그룹을 비롯해 글로벌 E그룹, S그룹 등이 있다.

공급 지역도 일본·중국·홍콩을 비롯한 아시아와 오스트레일리아에 집중하고 있던 제품 수출을 크게 확대해 유럽·중남미·미국까지 100여 개국에 직·간접적으로 수출하고 있다.

중국을 생산 공장으로 한정 지었던 경쟁 글로벌 ODM사와 달리 코스맥스는 중국을 소비 시장으로서의 가능성을 보고 접근해 중국 내에서 가장 큰 화장품 ODM사가 될 정도로 가파른 성장을 실현하고 있다.

현재 중국의 코스맥스는 중국 시장에 대한 높은 이해도를 바탕으로 주로 현지 기업과 해외 다국적 화장품 기업 등에 제품을 공급하고 있다. 글로벌 브랜드 수준의 고품질, 제품 개발과 공급의 빠른 리드타임 등의 경쟁력을 바탕으로 시장 지배력을 높여가면서 현지 ODM 경쟁사와의 격차를 더 크게 벌리고 있다.

중국은 항저우 아시안게임을 대비하기 위해 2023년에 국경을 전면 개방할 것으로 본다. 2022년 12월 홍콩에 대해 국경을 전면 개방한 것에서 그 정책 방향성을 알 수 있다. 2023년 1월부터 그 외 국가들에 대해 국경을 개방한다고 본다.

내가 명동에서 인터뷰한 중국 교포들도 2023년 1월 춘절 연휴 기간 전에 중국인들이 온다고 했다. 중국의 1인당 GDP가 1만 2,000달러를 돌파 중이다. 3년간 이동하지 못한 한풀이를 화장품으로 할 것으로 전망한다.

코스맥스는 중국 로컬 업체들에 ODM 방식으로 공급 중이다. 전 세계 ODM 1위 기업인 것이다. 아모레퍼시픽과 LG생활건강은 중국 업체보다 코스맥스를 강력한 경쟁자로 본다고 한다. 코스맥스가 중국 로컬 업체들에게 화장품을 제공하기 때문이다. 코스맥스를 중국 소비 시장 부활의 최고 수혜주로 전망한다.

# 03

# 2023년 윤석열 정부 정책주에서 대박이 나온다

## 우리나라의 과거 대통령 시절 주도주 살펴보기

우리나라의 대통령 임기가 5년이라는 특성상 1년 차에 공약을 토대로 앞으로 추진할 정책을 가다듬고, 2년 차에 본격적으로 정책을 추진한다.

대통령의 추진력도 임기 2년 차~3년 차에 아주 강해서 정부 정책주도 이때 크게 급등하곤 했다. 김대중 정부부터 문재인 정부까지 주요 종목을 살펴보면 다음과 같다.

(1) 김대중 정부. 1999년부터 벤처기업 활성화 정책과 인터넷 인

프라 기반 구축 정책을 강력하게 취해서 한국정보통신(025770)이 저점 대비 120배 이상 상승하고, 새롬기술=솔본(035610)이 저점 대비 130배 이상 급등했다. 당시에 이니셜이 영자로 바뀌면 벤처기업이라고 해서 주가가 급등했다.

(2) 노무현 정부. 임기 2년 차인 2004년부터 IT 8398 정책과 줄기세포 등 제약·바이오 신기술 육성 정책을 추진했다.

지어소프트(051160)는 2달 동안 주가가 696%, 줄기세포 관련 주는 20배 이상 급등했다. 장기적으로 100배 상승한 제약·바이오 기업도 발생했다.

(3) 이명박 정부. 4대강 관련 주, 녹색기술 관련 주가 급등했다. 4대강에 자전거 도로를 만들어서 자전거 관련 주가 급등했다. 삼천리자전거는 1,700% 이상 급등했다.

(4) 박근혜 정부. 2014년 4월 세월호 참사와 2015년 5월 메르스 사태가 있었다. 2015년에 본격적으로 정책을 추진해 제약·바이오 관련 주가 급등했다. 대형제약사 한미사이언스가 1,000% 이상 단기간에 급등했다.

(5) 문재인 정부. 임기 2년 차인 2018년에 남북경제협력정책을 적극적으로 추진했다.

덕분에 2018년 대세 하락 분위기 속에서도 대아티아이, 부산산업 등이 5개월 만에 700~800% 급등했다. 남북경협 펀드에 대해 기관 투자가들이 판매했다.

## 윤석열 정부 유망주는 K방산 관련 주

윤석열 정부 공약 사항을 들여다보면 원자력 산업 수출, 사우디 아라비아 네옴시티 650조 원 시장 개척 등이 있는데 현실적으로 성과를 거두고 있는 것은 K방산이다. 우리나라의 방산 산업 성과와 정부 정책 추진 방향을 알아보자.

우리나라의 무기는 해외에서 인기가 많다. 2022년 K방산 수출액은 200억 달러(28조 원)를 돌파하는 것이 유력하다.

한화디펜스가 2022년 7월에 폴란드와 대규모 K9 자주포 수출 계약을 맺은 데 이어 60억 달러(약 8조 5,000억 원) 규모의 다연장로켓 천무 수출 계약에도 성공했다. 한화디펜스뿐 아니라 LIG넥스원, 한국항공우주산업KAI도 오스트레일리아와 말레이시아, 노르웨이 등에 무기 수주를 앞두고 있다.

K방산의 성공 배경으로 최고 가성비(가격 대비 성능)와 적기 생산, 철저한 사후 서비스AS 등을 꼽고 있다. 2022년에 K방산의 실적이 증가한 배경에는 러시아가 우크라이나를 침공해 러시아 인근 국가들이 안보 위기를 절실하게 느끼고 있기 때문이다.

니콜라에 치우커Nicolae-Ionel Ciucă 루마니아 총리는 2022년 12월 21일부터 23일까지 공식 방한하고 현대로템, 한화에어로스페이스를 방문했다.

방위사업청에 따르면, 3년간(2023~2025) 방산 관련 기업에 1조 원 이상의 집중적인 자금 공급을 통해 성장 추세를 가속화한다고 한다.


## 윤석열 정부 정책 유망주 Top 2

### 투자 유망 종목 ① 한화에어로스페이스(012450)

한화에어로스페이스는 한화디펜스의 지분을 100% 보유 중이다. 그리고 한화시스템 방산 부분과 합해 전체 매출액 65% 이상이 방산 부분에서 발생한다.

2022년 7월 27일, 한화디펜스는 K9 자주포, K10 탄약운반장갑차 등 수출을 위한 기본 체결을 폴란드 정부와 체결했다. 8월 26일에는 K9 자주포 212문 등을 2026년까지 공급하는 3조 2,000억 원 규모의 이행 계약을 체결했다. 2023년 3월 오스트레일리아에 AS-21 레드백(미래형 보병전투장갑차)을 수출할 가능성도 커지고 있다.

2021년까지 수주 잔고 4조 8,470억대였는데 2022년 해외 수주 성과에 힘입어 누적 수주 잔고가 크게 증가할 전망이다. 2023년 예상 실적 전망은 매출액 8조 7,000억 원 이상, 영업이익 4,650억 원대, 세후 순이익은 3,050억 원이다.

K방산 산업 수출 성과는 안보 위기를 느끼고 있는 유럽에서 크게 기대가 된다.

## 투자 유망 종목 ② 현대로템(064350)

레일솔루션 부문은 국내외 전동차, 고속전철, 경전철, 디젤자동차, 기관차와 객/화차 등 다양한 차종의 철도 차량을 공급해오고 있다. 철도 차량의 핵심 전장품을 독자 기술로 국산화해 열차 종합 제어 관리 장치, 견인 전동기, 추진 제어 장치, 보조 전원 장치 등을 생산하고 있다.

디펜스솔루션 부문은 방산 물자를 공급하고 있다. 주요 제품인 K2 전차, 차륜형 장갑차 등의 공급을 통해 최신예 지상 장비를 적기에 전력화하는 데 기여하고 있다.

에코플랜트 부문의 수소 추출기와 충전기 관련 사업은 새로운 성장 동력이 되고 있고 현대차그룹의 중심이 될 전망이다. 현대로템의 디펜스솔루션 부문에서 2022년 큰 수주가 폴란드 등에서 이뤄지고 있다.

2022년 7월 27일, 현대로템은 폴란드 군비청과 K2 전차 긴급 소요 및 폴란드형 K2 전차 1,000대 물량 등에 대한 기본 계약을 체결했다. 8월 26일에는 K2 전차 1차분 180대에 대해 4조 4,992억 원 규모로 이행 계약Executive contract(본 계약)을 체결했다.

이러한 폴란드향 수주 등으로 인해 2022년 3분기 신규 수주는 5조 9,990억 원을 기록했으며, 9월 말 기준으로 수주 잔고는 14조 4,653억 원에 이른다.

무엇보다 유럽 국가들은 신형 전차 도입에서 화력이 가장 중요한

평가 요소이므로 현대로템의 이러한 폴란드 수출를 계기로 향후 유럽 수출의 교두보를 마련할 것으로 예상한다.

# 04

# 2023년 화려한 종목
# 장세가 온다

## 2023년 우리나라 증시 종목 장세가 나오는 배경

한국 경제 선행지표인 한국종합주가지수는 2021년 6월 3,316.08 포인트에서 고점을 형성한 후 대세 하락 구간으로 진행 중이다. 경기가 좋지 않은 방향으로 가고 있고 기업 실적도 2024년까지는 축소될 전망이다. 그런데 삼성전자, SK하이닉스, LG전자 등 대형주가 고점 대비 45% 이상 하락 중이고, 일반 개별 종목은 고점에서 60% 이상 하락 상태인 종목들이 많다.

따라서 개별 종목들의 가격 매력이 발생 중이고 실적이 살아 있는 종목들은 PBR 0.7배 이하로 형성되고 있어서 매력적으로 보인다. 종합주가지수가 2023년 1분기에 저점을 형성해준다면 엘리어트 파동 Elliott Wave B 반등 구간을 노릴 자리가 올 것으로 전망한다. 엘리어트 B 파동은 화려한 종목 장세가 나오면서 속임형 반등을 준다.

2008년 한국 증시의 대세 하락 구간에서도 3월 17일부터 5월 19일까지 B 파동 반등 구간에서 강력한 종목 장세가 발생했다. 2023년 1월부터 3월 무렵에 종합주가지수가 저점을 형성하면 매우 화려한 종목 장세가 올 것으로 전망한다. 그런데 대장주를 잡으려면 대장주 패턴을 알아야 한다.

## 시장의 대장주를 포착하는 방법

### 7 : 2 : 1 법칙

시황이란 뉴스가 아니다. 사람들은 '언론에서 나오는 뉴스'를 '시황'이라고 하는데 언론에 나오는 뉴스는 이미 가격들을 반영한 현상을 후행적으로 설명하는 것이므로 뉴스를 보고 주식 매매 혹은 채권 매매, 부동산 투자 행위를 하면 반드시 당하고 만다. 언론에 이용당하기만 하는 것이다.

시황은 무엇일까? 종합주가지수 혹은 코스닥지수를 말한다. 종합주가지수 역할은 한국 경제의 선행지표이고 한국 경제의 지표다.

**[그림 6-3] 7 : 2 : 1 법칙의 사례**

종합지수

삼성SDI의 2022년 2차 전지 업종이 최대
호황기이고 사상 최대의 실적을 냈지만,
종합주가지수가 동행 하락하는 모습

삼성SDI

6월　7월　8월　9월　10월 11월 12월 1월　2월　3월　4월　5월　6월　7월
2021년　　　　　　　　　　　　　　　2022년

코스닥지수는 코스닥 시장의 선행지표다.

　종합주가지수는 코스닥지수보다 선행하는 특징이 있다. 종합주가지수가 코스닥지수의 형님 역할을 한다는 말이다. 업종이란 반도체 업종, 화학 업종 등 다양한 업종으로 분류한다. 종목이란 일반 종목을 말한다. 종목을 매매할 때 종합주가지수 상황에 대해 비중을 70% 두고, 업종지수에 20%, 종목 비중에 10% 두는 것을 7 : 2 : 1 법칙이라고 한다.

　종목들의 실적 전망이나 상황은 좋은데 종합주가지수가 하락하면 업종지수가 하락하고 종목들도 동반 하락한다. 따라서 종합주가지수와 코스닥지수가 하락할 때는 종목 투자에 신중해야 한다. 물론 종합주가지수가 하락해 상승하는 종목은 있지만, 대부분은 종합주가지수와 동반해 움직인다.

대형주는 거의 95% 이상 종합주가지수와 동행해 움직인다. 종합주가지수가 급락할 때는 현금을 확보하거나 KODEX 인버스 등 인버스형 ETF 종목에 투자하는 것도 좋은 방법이다.

종합주가지수가 상승하는 구간에서 일반 종목에 투자하면 ETF에 투자하는 것보다 수익률이 괜찮다. 종합주가지수 방향성만 정확하게 알면 금융업 종사자는 어떤 전문직보다 안정적이고 고수익을 올리는 업종이 된다고 생각한다.

### 대장주 패턴은 대량 거래량에서 만들어진다

완전역 배열이란 월간·주간·일간에서 20.60, 120, 240 이동평균선이 역배열된다는 것이다. 역배열에서는 엄청난 매물 때문에 상승폭에 큰 제약을 받는다. 따라서 정배열을 만들어야 한다.

나는 20〉60주선이 N자형 패턴인 것을 선호한다. 이런 패턴은 장기 추세선인 60주선이 상승 방향으로 갈 때 중기 생명선인 20주선이 60주선을 돌파하고 나서 눌림목을 줄 때 20주선이 60주선을 스치듯이 수렴하면 주가가 대량 거래를 동반하면서 급등한다.

대박주는 저항선을 돌파할 때 대량 거래를 동반한다. 평소 거래량의 10~100배가 터지면 최적이다. [그림 6-4]의 신송홀딩스 (006880) 주가 그래프를 참고해보기 바란다.

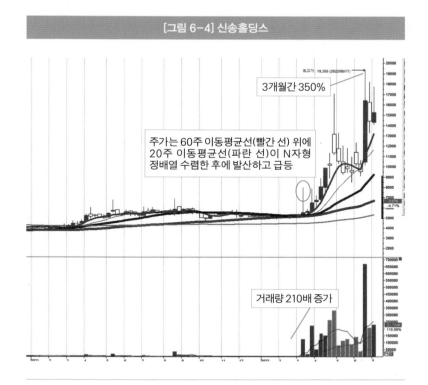

[그림 6-4] 신송홀딩스

3개월간 350%

주가는 60주 이동평균선(빨간 선) 위에
20주 이동평균선(파란 선)이 N자형
정배열 수렴한 후에 발산하고 급등

거래량 210배 증가

## 2023년 화려한 종목 장세 최선호주,
## 애경산업(018250)

애경산업은 중국·일본·미국 시장에서 가시적인 성과가 서서히
나타나고 있다. 중국 최대 쇼핑 축제인 '광군제' 기간에 판매액이 전
년 대비 60% 성장했다. 틱톡 등 신규 디지털 플랫폼을 이용한 덕이

다. 한국의 화장품 기업들이 중국에서 부진한 상황인데 매우 고무적인 현상이다.

춘절을 앞두고 중국 국경을 전면 개방할 움직임을 보이는 것도 모멘텀이 클 전망이다. 중국의 코로나19 확진자 증가에도 불구하고 2023년 1월 국경 개방에 대해 블룸버그는 중국 정부가 다음 달 해외 입국자에 대한 격리 정책을 폐지할 것이라고 보도하고 있다.

봉황TV(홍콩위성TV)도 "중국 당국이 2023년 1월 3일부터 모든 해외 입국자에 대한 호텔 격리 조치를 해제하고 3일 동안 의학적 모니터링만 할 것"이라고 보도했다. 이러한 보도를 토대로 본다면 중국인들이 한국 관광객으로 유입될 전망이다.

애경산업은 미국과 일본 시장에서도 예상보다 좋은 성과를 거두고 있다. 미국에서는 아마존 등 온라인 채널 위주로 공들이고 있다. 브랜드 에이지투웨니스AGE20's의 아마존 진출을 시작으로 최근 메이크업 전문 브랜드 '루나LUNA' 등을 추가 입점해 브랜드 인지도를 확대하고 있다.

2022년 7월 이틀간 진행한 아마존 프라임데이 판매액이 전년 동기 대비 51% 증가하는 성과도 맛봤다. 앞으로도 아마존 내 브랜드 인지도 확대와 포트폴리오 다변화를 위해 노력할 예정이라는 게 업체 측 설명이다.

같은 기간 일본 아마존에서 진행한 프라임데이 행사에서도 좋은 결과를 얻었다. 'LUNA 롱랭스팅 팁 컨실러'가 컨실러 카테고리에서

2위, 'AGE20's 시그니처 에센스 커버팩트 인텐스'가 크림 파운데이션 카테고리에서 6위를 기록했다.

중국 시장이 가장 크다. 중국은 항저우 아시안게임을 목표로 국경을 열고 있다. 중국 관광객이 한국에 200만 명 이상 방문한다는 보도도 나오고 있다.

한국 화장품 기업에게는 8년 만에 기회가 오는 것이다. 중국의 제로 코로나 정책으로 3년간 꽁꽁 닫혔던 시장이 다시 열리므로 한국 화장품회사들의 실적 모멘텀에 좋은 영향을 기대한다.

# 트레이딩보다는
# 투자의 관점에서 바라보자

주식 열풍이 불었던 2021년 코로나19 이후 주식을 시작한 투자자라면 천당과 지옥을 경험하고 있을 것이다. 특히 러시아-우크라이나전쟁 등 예상치 못한 지정학적 리스크가 발생하면서 각 국가는 금리를 빠르게 올리며 주식, 가상화폐, 부동산 등 대부분의 투자 자산이 급락하는 상황을 경험했다.

그럼에도 불구하고 주식 시장은 매일 열리고 있고 그 안에서 수익을 내는 투자자들은 분명 존재한다. 그 수익을 위해 〈생쇼〉 매니저 6인은 매일 시장 상황에 맞는 종목으로 더 많은 사람의 경제적 자유를 위해 노력하고 있다. 하지만 트렌드가 빠르게 변화하는 요즘 같은 시장에서 책으로써 시의성을 맞추기는 어려울 수밖에 없다.

따라서 이 책은 트레이딩보다는 투자의 관점으로 쓰였다. 트레이

딩은 시장 참여자들의 심리, 시장의 비효율을 적극적으로 활용하는 전략이고, 투자는 한 산업에서 벌어지는 구조적인 변화 또는 구조적인 성장에 초점을 맞추는 전략이다.

6인의 인사이트를 통해 다양한 투자의 관점을 참고하길 바라며 앞으로 독자들은 이 2가지 개념을 구분해 실제 자신의 투자에도 활용하길 바란다.

주식 투자는 언제나 대응의 영역이고 전략적 접근의 영역임이 분명하다. 가령 피터 린치는 시장을 예측하는 것이 얼마나 어리석은 짓인지를 수없이 경고했다. 아무리 어려운 매크로 환경에서도 변화하고 혁신하면서 폭발적인 성장을 이뤄내는 기업들이 존재한다. 주식 시장은 그런 기업에 관대하고 또 주가 상승이라는 훈장으로 어김없이 정당한 대가를 지불한다.

하지만 투자의 길은 절대 호락호락하지 않다. 꽃길이라고 생각했던 길도 그 과정엔 수많은 가시밭길이 존재하기 때문이다. 국내 주요 증권사들의 2023년 국내 증시 전망은 판에 박힌 듯 똑같았다. 긴축 우려와 경기 침체 공포, 기업들의 실적 둔화로 인해 상반기는 어렵고 하반기가 되면 서서히 반등할 것이란 '상저하고'의 논리였다.

하지만 시장은 1월부터 2월까지 강한 상승 랠리를 펼쳤다. 특히 시장의 우려를 비웃기라도 하듯 로봇, AI, 메타버스 등 성장 섹터 종목들의 주가가 큰 폭으로 상승했고, 미국 빅테크 기업들 역시 빠르게 가격 회복에 나섰다.

모두가 상반기 부진한 시장을 우려하고 있을 때 대중의 생각과는 반대로 적극적인 투자 전략을 취한 사람은 생각보다 큰 수익을, 그 것도 아주 이른 시간 내에 실현할 기회를 잡았을 것이다. 가시밭길 속에서도 방향을 잃지 않는 투자자만이 아름다운 꽃길을 누릴 기회를 갖는 것이다.

물론 최근 2년 동안 큰 폭의 하락장을 경험했다 보니 쉽게 매수 주문 버튼에 손이 가지 않는다. 그럼에도 좋은 기업을 저렴하게 매수할 기회의 장임은 분명하다. 매일경제TV 대표 프로그램 〈생생한 주식쇼 생쇼〉 6인의 매니저들 모두 그 기회를 잡기 위한 사명감으로 뭉쳤다.

수십 년의 경험과 노하우가 담긴 이 책이 독자들에게 방향을 잃지 않도록 도와주는 나침반 같은 존재가 되길 바란다. 또 보다 시장 상황에 맞는 적극적인 투자 전략이 필요한 독자들이라면 월~금 낮 12시 매일경제TV를 통해 시장 상황에 따라가는 종목별 인사이트까지 얻어가길 바란다.

# 유망 업종 TOP PICK 종목

| 업황 | 김동호 | 김태윤 | 김영민 | 노광민 | 박병주 | 정석일 |
|---|---|---|---|---|---|---|
| 반도체 | HPSP | 에스앤에스텍 | 피에스케이 | 오픈엣지테크놀로지 | 삼성전자 | 아비코전자 |
| 자동차 | 현대차 | 현대차 | 현대차 | 화신 | 기아 | 에코플라스틱 |
| 2차전지 | 엘앤에프 | LG에너지솔루션 | 엘앤에프 | 에코프로 | LG에너지솔루션 | 상신이디피 |
| 디스플레이 | KG이노텍 | LG디스플레이 | LG디스플레이 | 선익시스템 | LG디스플레이 | 선익시스템 |
| 메타버스 | 자이언트스텝 | 자이언트스텝 | 덱스터 | 맥스트 | 자이언트스텝 | LG이노텍 |
| 엔터주 | SAMG엔터 | 에스엠 | 에스엠 | 하이브 | 하이브 | 하이브 |
| 게임 | 데브시스터즈 | 엔씨소프트 | 네오위즈 | 카카오게임즈 | 엔씨소프트 | 엠게임 |
| 콘텐츠 | 미스터블루 | 스튜디오드래곤 | 스튜디오드래곤 | 코퍼스코리아 | 카카오페이 | 대원미디어 |
| 로봇 | 엠투아이 | 로보티즈 | 인탑스 | 에스비비테크 | 레인보우로보틱스 | 두산 |
| 석유화학 | 송원산업 | 롯데케미칼 | 송원산업 | 금호석유화학 | 금호석유화학 | 송원산업 |
| 제약바이오 | 엔비티 | 삼성바이오로직스 | 엔케이맥스 | 레고켐바이오 | 셀트리온 | 소마젠 |
| 의료기기 | 비올 | 클래시스 | 제이시스메디칼 | 오스템임플란트 | 오스템임플란트 | 덴티움 |
| 리오프닝 | 청담글로벌 | 현대백화점 | 대한항공 | 한국화장품 | 아모레G | 롯데관광개발 |
| 방위산업 | 이노뎀 | 현대로템 | LIG넥스원 | 현대로템 | 한화에어로스페이스 | 현대로템 |
| 우주항공 | 한국항공우주 | 한국항공우주 | 한국항공우주 | LIG넥스원 | 한국항공우주 | AP위성 |
| 조선 | 현대미포조선 | 한국카본 | HSD엔진 | 현대중공업 | 현대미포조선 | 삼강엠앤티 |
| 네옴시티 | 현대건설기계 | 한미글로벌 | 희림 | 한미글로벌 | 도화엔지니어링 | 웰크론한텍 |
| 원자재 | 풍산 | 풍산 | 금양 | 이구산업 | S-oil | 조일알미늄 |
| 음식료 | 삼양식품 | 오리온 | CJ제일제당 | 삼양식품 | CJ제일제당 | 오리온 |
| 수소 | 현대일렉트릭 | 두산퓨얼셀 | 두산퓨얼셀 | EG | 현대로템 | 에스퓨얼셀 |

# 2023 주식 변곡점의 기회를 잡아라

**초판 1쇄** 2023년 3월 15일
**초판 3쇄** 2023년 5월 26일

**지은이** 매일경제TV 김동호 김태윤 김영민 노광민 정석일 박병주
**펴낸이** 최경선
**책임편집** 정혜재
**마케팅** 김성현 한동우 구민지
**디자인** 푸른나무디자인

**펴낸곳** 매경출판㈜
**등  록** 2003년 4월 24일(No. 2-3759)
**주  소** (04557) 서울시 중구 충무로 2 (필동1가) 매일경제 별관 2층 매경출판㈜
**홈페이지** www.mkbook.co.kr
**전  화** 02)2000-2641(기획편집) 02)2000-2636(마케팅) 02)2000-2606(구입 문의)
**팩  스** 02)2000-2609  **이메일** publish@mk.co.kr
**인쇄·제본** ㈜ M-print 031)8071-0961
**ISBN** 979-11-6484-532-3 (03320)

ⓒ 매일경제TV 외 6명